Rump · Mühlensagen

Stuvenborn (Holstein); Bockwindmühle 1704 gebaut

ℌ
HEINEVETTER HISTORISCH

Heinrich Steinfath
HUMMELSBÜTTEL – GRÜTZMÜHLE UND HALLENHÄUSER

Harald Richert
SO WAR ES IN BERGEDORF …

REINER RUMP

NORDDEUTSCHE MÜHLENSAGEN

*mit 102 Illustrationen
vom Verfasser*

VERLAG OTTO HEINEVETTER

Für eine Freundin

Titelbild: Strasburg (Pommern), Bockwindmühle, Abb. von 1900
Rückenbild: Hamfelde (Lauenburg), Plastik im Zaun der „Pirschmühle"

ISBN 3 87474 **964** 9

Copyright © 1986 by Verlag Otto Heinevetter
Hamburg 76

Alle Rechte, auch des auszugsweisen Nachdrucks und der fotomechanischen Wiedergabe, vorbehalten.

Satz und Druck: Schmidt & Klaunig, Kiel

Printed in Western Germany

Häningsen bei Hannover

Ein paar wichtige Worte zuvor 10

Riesen und Zwerge
Der Wasserriese 14
Der Mühlstein am seidenen Faden 17
Der Kobold in der Mühle (Rinteln) 17
Die Riesen in der Heide (Lüneburg) 18
Das Butterbrot 20
Unter Riesen (Waldau) 22
Die Prinzessin im goldenen Wagen (Birkenfeld) 23
Zwergenkönig Hibich (Bad Grund) 25
Der Kornhandel (Lütten-Butzin) 26
Die Heinzelmännchen von Hudemühlen 28
Die Rache des Riesen (Krappmühle) 28
Der Kobold in der Horster Mühle 29
Die Riesenspur (Röbel) 31
Die Wallfische in Lübeck 32

Mühlenspuk und Zauberei
Die Müllerin und die Katze 34
Jan Müller von Hage (Ostfriesland) 35
Das Wachsbild (Amrum) 35
Die weiße Frau (Klein-Wesenberg) 36
Die Kartenspieler (Bargholz) 37
Das schlafende Heer (Hoisbüttel) 37
Pukmöllwisch (Osterau) 39
Warum das Meerwasser salzig ist 39

Leer in Ostfriesland

Die Hexe von der Boltenmühle 41
Die Graupelmühle 42
Waldminchen 44
Der Mönch in Friesland (Sneek) 46
Karfreitag (Lütjenburg) 46
Der verwunschene Prinz (Elmshorn) 47
Der Meineid (Gerolzhofen) 48
Die alte Frick (Boizenburg) 49
Das Schwein von Hoisbüttel 50
Die Stadtmühle von Cottbus 50
Der Zauberlehrling (Götzenmühle) 51
Der Weizen auf der Altenburg (Holzhausen) 53
Die Lakenfrauen (Zernik) 53
Die Spukmühle von Gröpelingen 54
Die verzauberten Schweine und Schafe (Persanzig) 55
Der Spitzbube in der Windmühle (Magdeburg) 56
Die Woltmershusener Mühle 57
Das gestohlene Mehllaken (Wanzleben) 58
Die eingewachsene Hostie (Dillingen) 59
Der Venezianer im Harz (Harzburg) 60

Mühlteich und Mühlberg
Nixenmühlen 62
Der Mühlstein (Fockbek) 62
Die Müllerin von Timmhagen 62
Der schwarze Bulle (Ankershagen) 64

Fockendorf (Holstein)

Der Topich (Masuren) 65
Die Bisdorfer Lehmkuhle 66
Die Nütschauer Mühlenbauer 67
Hier-sehen-wir-uns-wieder (Boizenburg) 68
Der dreibeinige Hase (Biederitz) 69
Wie die sieben Windmühlen vor Stettin
ihren Namen bekamen 70

Teufelsmühlen
Die Teufelsmühle von Ramstein 74
Eine andere Teufelsmühle (Pestorf) 76
Die Feuersbrunst von Meyn (Flensburg) 77
Die Teufelsmühle zu Polle 77
Die Mühle auf dem Saalberg 79
Hunderttausend Zentner Mehl (Hamburg) 81
Der betrogene Teufel (Lorscheid) 83
Der Teufel als Kartenspieler (Dammen) 86
Der Teufelspakt (Freyung) 87
Die Teufelsmühle von Neubrandenburg 88
Der Alf im Höllengrund (Belgard) 89

Freundliche und hartherzige Müller
Der Müller als Bettler 92
Die Wodensmühle I 92
Die Wodensmühle II 95
Die Räuber von Saterlande 98
Der Müller und die Frösche 100

Die Aussteuer 101
Der Müller von der Brakermühle (Eutin) 101
Der Krebskönig (Neubistritz) 104
Die Ratten ams Lansker See (Allenstein) 106
Die Tollwutbutter (Moisburg) 108
Der steinerne Mehlsack (Rettenberg 111
Die Hammermühle von Wolflier (Hemau) 111

Schauriges
Das bunte Kalb (Bornhöved) 114
Die Martensmühle (Schlutup) 114
Die Hundemühle (Dangmersdorf) 115
Die Mordmühle (Pötrau) 117
Die Nachtjäger (Philippshagen) 117
Der Blutmöller (Fehmarn) 118
Die Müllerin und der Graf (Gramm) 120
Der entführte Hammerschmied (Unterschönau) 121
Die Schlacht beim Kalten Baum (Wernberg) 121
Ein Lindwurm in Mecklenburg (Neubrandenburg) 123
Die zwölf Brüder (Zellerfeld) 124
Die schwarze Fahne (Mönch-Neversdorf) 126
Müller Strohkark (Strohkirchen) 127
Die Jungfernmühle (Bütow) 128

Heiteres
Zundelheiner (Bassenheim) 132
Müller Ohnesorgen 135
Wie die Hühner sprechen lernten 136
Der Teufel und der Müllergeselle 137
Der gottlose Müller (Scheeßel) 139
Pumphuts Streiche (Mark Brandenburg) 140
Der kleine Müller (Bisdorf) 143
Der Kuckuck von Clausthal 144
Das Bettelweib (Kolditz) 146
Juckt dich der Buckel? (Rodenbach) 147

Husby (Schleswig); Kornwindmühle, 1920

Kurze Geschichte der Mühlen – ein Nachwort 149
Auswahl weiterführender Quellen 155
Bildregister 156

Ein paar wichtige Worte zuvor

Die norddeutschen Mühlensagen haben drei tiefe Wurzeln. Zum einen ist der technische Unverstand unserer Vorfahren, ihr fassungsloses Staunen angesichts von unbegreiflichen, rückwärtslaufenden und verzahnten Kräften schuld daran, daß sie jede Neuerung als Teufelswerk abtaten und sich mit Spukgeschichten Luft machten. Die schlaueren Müller waren ihnen suspekt. Darum wurden ihnen Pakte mit Tod und Teufel angedichtet.

Zum anderen waren die Müller auch die Handlanger der Obrigkeit; von der Herrschaft eingesetzt, hatten sie Zwangsmahlgästen den sechzehnten Teil ihres Korns als Matte oder Kornzins abzuknöpfen. Der Unmut der Bauern lud sich oft und heftig in Unterstellungen, übler Nachrede und im Verdacht von Übervorteilung und Betrug. Gerichtliche Nachspiele fielen meist zugunsten der Müller aus, was wiederum zu einem unguten Verhältnis der Einheimischen zu den oft zugereisten Müllern beitrug. Der Neid wegen des Reichtums der Müller stufte sie ab zu Betrügern, die mit einem falschen Kornmaß arbeiteten. Ohnehin gehörte der Müller zu den ‚unehrlichen' Gewerbetreibenden, die außerhalb der Zünfte standen.

Nicht zuletzt aber wurden mit der Errichtung von Wind- und Wassermühlen die Naturkräfte nutzbar gemacht: Dies forderte die Naturgötter der Germanen heraus, Götter, welche selbst die Personifizierung von Wind und Wasser, Sturm und Schneetreiben, Blitz und Donner waren. Es konnte und durfte nicht gutgehen, wenn man die Kräfte zwingen wollte, dem Menschen dienstbar zu sein.

Die Angst und Ehrfurcht vor ihren alten Göttern ließ unsere Altvorderen in jedem Mühlenmißgeschick eine Strafe für die Beleidigung der Götter sehen und ließ ihnen alles Unerklärliche als Spuk erscheinen. Einen Blitzschlag, der eine hochstehende Windmühle einäscherte, eine Explosion durch Mehlstaub bei mehr als 20 g/cbm Luft und ein Wegschwemmen der Mühlendämme nach der Schneeschmelze erklärte man sich nicht verstandesgemäß, sondern schrieb es dem Unmut des Himmels und seiner dienenden Geister zu. Man sah es als Frevel an, das Wasser über Räder zu ‚binden' und brannte noch 1671 in Estland freiwillig eine Mühle ab, um die Wassergeister zu versöhnen und um eine jahrelange Dürre zu beenden.

Schon bei Ägyptern und Römern galten die Müller als Zauberer, die ständig die Rache der mißbrauchten Elemente zu fürchten hatten: Geschichten von Wassermännern, welche die Mühlenräder zerrissen, und von Kobolden, welche Tribut von den Müllern forderten, sind uralt.

Der Lärm sich drehender Räder, das Rumpeln und Brausen der Gewerke, das mystische Halbdunkel der Böden mit ihrem staubigen Zwielicht und die abgelegenen Mühlenstandorte inmitten wilder Natur, an schäumenden Bächen oder hochdroben auf dem höchsten Punkt der Landschaft: all das hatte schon etwas Geheimnisvolles an sich. So kann es nicht verwundern, daß auch die alten Sachsen an die Zauberkraft der Mühlenräder glaubten und annahmen, Donnergott Donar spreche aus ihnen mit Poltern und Grollen.

Selbst nach dem Vordringen des Christentums blieb der Mythos der Mühlen lange Zeit erhalten. Die katholischen Priester konnten nur vorsichtig den Aberglauben umlenken, indem sie eine Heilige der Müller erfanden: Sankt Verena, auf deren Befehl alle Mahlsteine – so hieß es – gesittet wie Lämmer laufen würden.

Diese Heilige stammte aus alemannischen Landen, wo bis dahin Wassergötzen in die Mühlbäche gestellt worden waren. Verena hat alle diese Idole gestürzt. Damit soll sie – so die

Sage – zuerst einmal eine fürchterliche Überschwemmung hervorgerufen, zu guter Letzt aber alle durch besseres Mehl versöhnt haben.

Die Legende erzählt, daß der Teufel mit einem riesigen Mühlstein nach ihr geworfen habe, welcher aber nicht traf. Verena sei fröhlich auf diesem Stein den Fluß hinabgeritten bis zum Meer, um dort zugleich die Patronin der Seeleute zu werden.

Auf meiner Suche nach den Mühlen in Norddeutschland, nach ihrer Geschichte und den Bildern aus längst vergangenen Tagen, stieß ich auf eine Reihe von Mühlensagen. Daraus entstand mit der Zeit eine Sammlung, der ich die Sagen dieses Bandes entnommen habe. Fast alle habe ich mit eigenen Illustrationen in düster-schattenhafter Manier versehen, dem Charakter unserer Sagen entsprechend, grafisch vereinfacht und auf das Wesentliche reduziert, jedoch nicht immer auf die Sage der jeweiligen Seite bezogen.

Wahrheit und Lüge, Wirklichkeit und Sage, Döntjes und Märchen: Grenzenlos verschwimmt in diesen Sagen alter Götterglaube und modernes Denken.

Orte wechseln, Begebenheiten ähneln sich, wiederholen sich auch schon einmal mit anderen Wörtern, denn ich habe alles so belassen, wie ich es vorfand. Dadurch wird sichtbar, daß kein Raum frei war von Geschichte und Geschichten, mögen sie auch noch so grausam und unwirklich erscheinen.

Ich weiß, daß dieses Buch nur einen Anfang hat. Ein Ende könnte auch ein Folgeband nicht haben: Zu viele Sagen schlummern in Dörfern und Familien, im Gedächtnis von Ungefragten, Ungehörten, Unbekannten.

In einer Zeit, in der immer weniger miteinander geredet wird, verebbt das Sagen – verstummen die Sagen.

Grund genug, altes Volksgut wie unsere Sagen zu ehren und zu bewahren.

Reiner Rump

Riesen und Zwerge

Hamburg-Reitbrook; Kornmühle 1870 gebaut

Der Wasserriese

Vor langer Zeit ging ein Riese im Lande um, ein großer, gräsiger Kerl, der alles raubte, was er zu fassen bekam und die Bauern ganz verzagt machte.

„Bange machen gilt nicht!" sagte der Müller, „der soll nur kommen. Ich habe meinen Hans, und der wird mir schon helfen."

Hans war sein Bär, ein ganz zahmes Tier, das wie ein junger Hund hinter dem Müller hertrottelte.

Aber es dauerte gar nicht lange, da brach der Riese in die Stube des Müllers ein; ein furchtbar großer, bärtiger Bursche mit triefnasser Wäsche auf dem Leib. Der ging gleich auf die Kommoden zu, riß alle Schubläden auf und sortierte schon aus, was er brauchen konnte.

„Was soll denn das bedeuten?" fragte der Müller. „Laß meine Sachen zufrieden, und sieh zu, daß du wieder verschwindest!"

Wilster Marsch; Windmühle und Windturbine, 1930

*Hamburg-Kirchwerder;
Riepenburger Mühle,
1830 gebaut*

„Du hinderst mich nicht", drohte der Riese.

„Das werden wir schon sehen", meinte der Müller und rief: „Hans, Hans komm doch mal her!"

Der Bär kam auch prompt herbei gerannt, stellte sich auf die Hinterbeine und ging auf den Riesen los. Mit einer Tatze verpaßte er dem Räuber einen so gewaltigen Hieb zwischen die Augen, daß dem das Blut nur so rausströmte. Da ließ er alles liegen und machte, daß er weg kam.

Nach langer Zeit, als der Müller abends seinen Mühlenteich entlangspazierte, rief jemand: „Herr Müller, ist die große Katze noch da?" Der Müller wußte nicht so recht, wer da gerufen hatte, doch dann sah einen Kopf aus dem Wasser lugen und hörte wieder rufen: „Herr Müller, haben sie noch ihre große Katze?"

„Ja", rief der Müller, „ja, sie hat inzwischen sieben Junge!"

Da verschwand der Kopf ganz unter Wasser und der Müller dachte:

„Warte nur, jetzt weiß ich, wo du steckst, und ich werde dich abledern."

Sofort bestellte er alle Nachbarn für den nächsten Morgen um acht mit Flinten und Dreschflegeln bewaffnet zum Mühlenteich. Als alle versammelt waren, ließ der Müller seinen Mühlenteich leerlaufen.

Auf dem Grunde des Teiches stand ein gläsernes Haus mit einer gläsernen Tür. Sie schlugen die Tür entzwei und fanden dort den üblen Räuber, den Wasserriesen, und Hans der Bär bekam seinen Auftritt und haute den Riesen zu Mus.

Die Bauern und der Müller fanden im Haus des Wasserriesen nun glücklich ihre geraubten Sachen und all das gestohlene Geld wieder. Und noch viele, viele andere schöne Dinge, welche gerecht aufgeteilt wurden.

Farchau am Ratzeburger See; Walkmühle, seit 1150 erwähnt

Der Mühlstein am seidenen Faden

Ein Knecht war mit einer Magd am Roggen mähen, als ein Zwerg erschien. Der Knecht wollte ihn sogleich erschlagen, doch die Magd warf sich dazwischen und bat um sein Leben. Daraufhin lud das kleine Männchen die beiden zu einem Gastmahl zu den Unterirdischen ein.

Als sie nun die Höhle betraten, hing über ihnen ein Mühlstein an einem seidenen Faden, was beide in einen großen Schrecken versetzte. Doch die Unterirdischen beruhigten sie wieder: „Euch geschieht nichts, denn ihr habt auch einem der Unsrigen nicht zuleide getan. Andernfalls hätte euch der Stein schon erschlagen."

So wurden der Knecht und die Magd gastlich bewirtet und von den Unterirdischen noch reichlich beschenkt.

Der Kobold in der Mühle

Es machten sich einmal zwei Studenten von Rinteln auf eine Fußreise. Doch ein plötzlicher heftiger Regen und die einsetzende Finsternis zwang sie, in der nächstgelegenen Mühle Unterschlupf zu suchen.

Der Müller wollte anfangs nicht so recht öffnen, gönnte ihnen aber dann doch die harte Ofenbank zum Nachtlager. Speis und Trank verwehrte er ihnen mit dem Hinweis, daß das zurechtgestellte Abendbrot auf dem Tische dem Hausgeist gehöre. Sollte ihnen einfallen, davon zu nehmen, bekämen sie großen Ärger. Dann ging er und schloß die Tür hinter sich.

Die zwei Studenten gaben sich zufrieden. Aber den einen trieb doch der arge Hunger zur Schüssel, ganz gegen die Ermahnungen seines Mitreisenden.

„Ach was", wandte er ein, „habe ich nicht bessere Rechte als der Teufel?" Setzte sich an den Tisch und aß und trank nach Herzenslust, so daß nur noch ein Rest Gemüse und eine Neige

Bier übrig blieb, wars zufrieden und legte sich zum Schlafen auf die Bank.

Um Mitternacht kam der Kobold mit großen Getöse in die Mühle gefahren, wovon beide Studenten mit Schrecken erwachten. Mit Sausen und Brausen fuhr der Kobold zum Tisch und wollte seine Mahlzeit abhalten. Nachdem der die spärlichen Reste aufgezehrt hatte, fuhr mit dem Besen und Wischtuch über alle Möbel und Böden, kehrte und fegte, machte und tat, daß alles seinen Glanz bekam.

Die verschreckten Studenten ließ er zunächst unbehelligt, doch zuletzt ging er zur Ofenbank. Den einen wischte er ganz sanft, den Schuldigen aber fegte er mit großem Schwung durch die Stube, von einer Ecke in die andere. Dreimal trieb er den heimlichen Esser mit höhnendem Gelächter vor sich her, bis der beherzt zum Degen griff, um den Kobold zum Kampf zu fordern.

Der Kobold aber verlachte ihn und verschwand.

Als der Müller am Morgen den Studenten aufschloß und sie ganz durcheinander fand, tröstete er sie mit dem Hinweis, daß es sie wohl das Leben gekostet haben würde, wenn sie alles aufgegessen hätten, und entließ sie mit guten Ratschlägen fürs Leben.

Die Riesen in der Heide

In der Lüneburger Heide hausten vor vielen, vielen hundert Jahren, besonders in der Gegend zwischen Fallersleben, Gifhorn und Uelzen, bis hinauf nach Lüneburg, drei unheimliche Riesen.

Die waren so groß wie Bäume; eine ausgerissene Tanne diente ihnen als Spazierstock. Sie trieben ihr Unwesen ganz nach Lust und Laune und machten keinen Unterschied zwi-

Woltersmühlen (Ostholstein); Vertikal-Turmwindmühle, 1920

schen Gut und Böse. Und wenn sie einmal wieder hungrig waren, dann ging es besonders den Bäckern und Müllern an den Kragen. Den Windmüllern rissen sie die Windmühlenflügel ab, daß die Mühlen stille standen, den Wassermüllern legten sie sich quer durch den Mühlengraben und dämmten mit ihren klobigen Leibern das Wasser ab. Und die Riesen forderten den Müllern das letzte Korn ab, den Bäckern das letzte Brot, bevor sie von hinnen zogen.

Ein Imker, den sich die drei Rüpel zum Opfer auserkoren hatten, hat die Riesen dann für immer vertrieben.

Der Imker nämlich hetzte seine Bienenvölker auf die Riesen. Die Bienen stachen die Riesen grün und blau, und mochten sie auch noch so große Steine auf die kleinen Immen schmeißen: die trieben sie tapfer bis ins Meer, worin sie ertranken.

Geblieben sind uns die gewaltigen Steine, mit denen die Riesen geworfen haben. Man sieht sie noch überall in der Heide herumliegen.

Das Butterbrot

Zwerge werden leicht übermütig, wenn man ihnen gegenüber allzu nachsichtig ist. Das mußte auch ein Müller erfahren.

Der ging eines Abends schlafen und ließ drei Sack Korn ungemahlen in der Mühle stehen und sein Butterbrot daneben liegen. Am anderen Morgen war das Korn zum Mehl gemahlen, aber das Butterbrot aufgegessen. Das kam dem Müller sehr sonderbar vor. Um der Sache nachzugehen, ließ er am Abend wieder drei Sack ungemahlenes Korn und ein Butterbrot in der Mühle und legte sich auf die Lauer.

Nach vielen Stunden, der Müller wollte schon aufgeben und an seinem Erlebnis zweifeln, da regte es sich der Mühle. Ganz leise trippelte, vom fahlen Mondlicht beschienen, ein kleines, nacktes Männchen zur Mühlentür hinein, schnappte sich das Butterbrot und verzehrte es mit hörbarem Genuß.

Dann setzte es die Mühle in Gang, griff die Kornsäcke, als wär' es ein Kinderspiel, füllte den Trichter, sackte das Mehl ab, prüfte das Mehl, fand es nicht gut genug, nahm den Mühlstein heraus und schärfte ihn, als wär's ein Klacks, mahlte dann das feinste Mehl und verschwand.

Das gefiel dem Müller sehr. So ein flinker Gesell ersparte ihm des Tages Mühe: Allabendlich bekam nun der Zwerg sein Butterbrot und Arbeit dazu, so daß sich der Müller überhaupt nicht mehr zu plagen brauchte und ein steinreicher Mann wurde.

Doch der Müller hatte ein gutes Herz.

Und das wurde sein Fehler.

Der Müller dachte sich, das kleine Männchen müsse eigentlich mit einem schönen Wams und blitzblanken Schühchen bekleidet sein und nicht immer so nackert herumlaufen.

Er bestellte beim Schneider und Schuhmacher winzige kleine Kleider und bekam die allerfeinsten Sachen angefertigt, auch wenn man an seinem Verstand zu zweifeln gegann. Abends legte der Müller zum Butterbrot auch noch das

Wämslein, Höslein, Röcklein, Strümpflein und die Schühchen.

Wie gewöhnlich kam das kleine Männchen. Doch als es die schönen Kleider sah, tanzte es vor Freude, ließ Butterbrot und Arbeit liegen, tanzte mit seinen neuen Kleidern zur Mühle hinaus und ward nie wieder gesehen.

Nun mußte sich der Müller wieder selber abrackern. Aber so viel er auch schaffte, sein Reichtum schwand bald dahin, und kurz darauf starb er fast verarmt.

Widmund-Funnix (Friesland); Holländer Windmühle, 1802 gebaut

Lutterbek in der Probstei; Alte Wassermühle, Abb. von 1898

Unter Riesen

Auf der Obensburg im Landkreis Hameln wohnte einst ein Riese in einem tiefen Loch, der sogenannten Hünenkuhle.

Dieser Lulatsch hatte eine Backgemeinschaft mit seinem Freund, dem Riesen auf der Klüt, wo er sein Brot backen ließ.

Als nun der Obensburger eines Tages auf dessen Mühle zustapfte, stach ihn etwas in seinen Plattfuß: In seinen Stiefel war ein spitzer Stein gerutscht. Diesen Brocken holte er heraus und hinterließ ihn dort, wo man ihn heute noch besichtigen kann.

Von einer Backgemeinschaft zwischen zwei Riesen erzählt auch eine andere Sage:

Im Hünenschloß auf der Waldau verbrachte ein Riese seine faulen Tage. Ihm gehörte zwar die Mühle von Hämelschenhausen, doch sein Mehl konnte auch er nicht selbst backen. Darum schloß er seinen Backvertrag mit seinem Nachbarn an der Weser.

Aber, wie man so schön sagt: Kumpanei ist Lumpanei.

Als der Waldauer beim Weserriesen dringend backen wollte,

war der Backofen angeblich nicht geheizt. Das reizte den Riesen zur Weißglut: „Was fällt dir ein, heute ist mein Backtag!"

„Du Trullenschädel", bölkte der Weserriese zurück, „ich backe, wann ich will!"

„Bollerkopp", scholl es zurück, „du Vertragsbrüchiger!"

Ein Wort gab das andere. Wutentbrannt rannte da der Waldauer zu seinem Speer, der so lang wie ein Baumstamm war, und schleuderte ihn blindwütig in Richtung Weser.

„Gut gezielt, doch schlecht getroffen!" höhnte der Weserriese. Der Speer hatte sich aber tief im Gestein verbissen.

„Das wird mir ein schöner Zahnstocher!" rief der Weserriese hinüber und zog den Speer aus dem Loch: Da sprudelte ihm ein klarer Bergquell entgegen.

„Ich danke dir für diesen schönen Mühlbach, Waldauer", rief nun der Weserriese erfreut. „Nun baue ich mir selber eine Mühle!" So geschah es. Mit großen Steinen schichtete der Weserriese ein Grundwerk und baute darauf seine Mühle, die „Steinmühle". Der faule Waldauer mußte wohl verhungern, man hat von ihm nichts mehr gehört.

Elmenhorst (Stormarn);
Bockwindmühle auf dem Blocksberg
bis 1948

Die Prinzessin im goldenen Wagen

Gut zwei Stunden nordwestlich von Birkenfeld im Rheinland liegt ein mächtiger Quarzfelsen, welcher Vorkastell genannt wird. Von dort fällt das Tal zur Tran ab. Die alten Leute erzählen sich, daß hier die Reste einer Burg zu finden seien. Nur sei es schwierig, den Eingang zu den Gewölben wiederzuentdecken.

Tief drunten – so heißt es – liegen wundersame Schätze und ein köstlicher alter Wein in seiner eigenen Haut, denn die Fässer sind längst verfault und vergangen.

Auch steht in dem Gewölbe eine sehr alte Kutsche mit einer goldenen Deichsel so nahe am Eingang, daß ein Hahn sie herausziehen könnte. Und in der Kutsche sitzt eine Prinzessin und wartet auf ihren Erlöser.

Wer die Prinzessin befreien will, muß durch die Gänge kriechen und unter einem Mühlstein hindurchgehen, der an einem seidenen Faden hängt.

Den Faden hält ein Riese und läßt nur den Richtigen unbeschadet hindurch. Das hat so manch einen, der das versuchte, im letzten Moment erschaudern und umkehren lassen.

Denn wer kann sich schon einbilden, der richtige Prinz und Erlöser zu sein?

Hagenow-Land (Mecklenburg); Bockwindmühle

Dassow (Pommern); Paltrockmühle

Zwergenkönig Hibich

Der Zwergenkönig Gibich wird hie und da auch Hibich, Hübich oder anders genannt.

Bei Bad Gund steht der Hibichstein: Es sind zwei mächtige Kalksteinsäulen, welche dem Zwergenkönig zu Ehren so getauft wurden. Einst konnte man an dieser Stelle dem König Hibich begegnen; einem alten Mann, kaum fünfzig Zentimeter groß, aber mit bodenlangem weißen Bart, in dem seine enorme Kraft verborgen war. Es trug eine goldene Krone auf dem Kopf und ein Grubenlicht am Gürtel.

Er soll sehr gutherzig gewesen sein, hat den Menschen gerne geholfen und gute Werke bereitwillig gefördert. Zum Bau der Kirche in Grund hat er das meiste beigetragen.

In der Mühle bei Bad Grund pflegten die Zwerge ihr Nachtmahl abzuhalten. Doch der Müller floh jedes Mal mit den Seinen aus lauter Furcht vor den Wichten.

Ein alter Invalide, dem er seine Ängste schilderte, bot sich an, dem Zwergenmahl beizuwohnen und dem Spuk ein Ende zu bereiten.

In der Nacht versteckte er sich hinter dem Ofen und schmauchte seine Pfeife. Als um zwölf die Zwerge und ihr

König Hibich den Tisch in der Mühle gedeckt hatten und gerade anfangen wollten zu tafeln, sagte der Zwergenkönig: „Hier riecht es nach Soldaten!" Und schon stürzten sich die Kleinen auf den Invaliden. Doch der schlug sich tapfer und hieb gekonnt auf die Angreifer ein. Sein Krückstock traf manchen Zwerg am richtigen Fleck. Kein Auge blieb trocken, und König Hibich amüsierte sich darüber köstlich.

Schließlich gebot der Zergenkönig den Seinen Einhalt, man vertrug sich wieder speiste gemütlich in vollster Eintracht.

Schlag ein Uhr verschwand der ganze Spuk.

Zurück blieb nur ein kleiner, silberner Becher, und eine Stimme rief dem Invaliden zu: „Nimm den Becher als Andenken."

Dann kehrte Ruhe in der Mühle ein.

Der Invalide blieb noch lange Jahre in der Mühle und ermöglichte dem Müller ein Leben ohne Furcht und der Zwergengesellschaft regelmäßige Festgelage zur Nachtzeit.

Der Kornhandel

Der Müller von Lütten-Butzin fuhr mit Korn beladen aus Güstrow, doch als er am Sonnenberg vorbeikam, einem kleinen, mit Wacholder bewachsenen Hügel, blieb er im Sande stecken. Während er noch am Überlegen war, kam ein winzig kleiner, grauer Bursche auf ihn zu und fragte nach dem Preis für das Korn.

Sie wurden sich handelseinig und der Müller fragte den Wicht, wohin er denn die Gerste laden dürfte.

„Komm mit in meinen Berg", sagte der Kleine.

„Der Müller konnte nun sein Fuhrwerk ganz leicht durch den Sand bewegen und an einer von dem Zwerg bezeichneten Stelle in den Berg hineinlenken. Im Innern leerte er alle Säcke auf Geheiß des Männchen in einen Bottich; die leeren Säcke füllte der Zwerg verstohlen wieder auf und tat dabei sehr geheimnisvoll. „Das ist deine Bezahlung, Müller, aber schau erst zu Hause in die Säcke."

Dem Müller war die Geschichte doch zu dumm, und er blickte gleich nach Verlassen der unterirdischen Gewölbe in die halbvollen Säcke. Und was mußte er entdecken? Der Zwerg hatte sein Korn mit Pferdemist vergolten.

Wutentbrannt schüttete er alle Säcke am Sonnenberg aus und fuhr beleidigt und enttäuscht nach Hause.

Aber wie erstaunt war er am nächsten Tage: Die Reste vom Pferdemist in den Säcken, die noch in den Zipfeln hafteten, hatten sich in pures Gold verwandelt.

So schnell er konnte, fuhr er zurück zum Sonnenberg, doch dort lag nur Mist, und von einem Eingang zu den Unterirdischen war keine Spur mehr vorhanden.

Dramburg (Pommern); Turmwindmühle, Abb. von 1911

Das Heinzelmännchen von Hudemühlen

Als Mittelding zwischen Kobold und Unterirdischen lebte einst ein Hausgeist auf der Hudemühle. Es war ein kleines Wesen in menschlicher Gestalt und mit menschlichen Sitten. Er schien aber nur ein ungetaufter Wechselbalg gewesen zu sein.

Als sein Geist erlöst wurde, hat er dem Mühlen- und Schloßherren zum Andenken ein merkwürdiges seidenes Kreuz sowie seinen Strohhut und einen winzigen Handschuh vermacht, Gegenstände, die noch lange in der Familie hoch geehrt wurden.

Die Rache des Riesen

Bei Neubrandenburg liegt die Krappmühle, deren großes Rad von Wasser getrieben wird. Bei Schneeschmelze und sogar nach größeren Regengüssen schwillt der Mühlenteich gefährlich an, so daß der Müller immer in großer Gefahr schwebt, von den Fluten hinweggeschwemmt zu werden.

Als er sich einmal besonders großen Wassermassen gegenübersah, rief er seinen Nachbarn von der anderen Seite des Trollensees zu Hilfe – einen Riesen.

Der Riese stiefelte hilfsbereit herüber, rammte ein gewaltiges hölzernes Bollwerk in den Teich und befestigte es mit Granit und Muttererde, so daß diesem Damm bis heute kein Wasser etwas anhaben konnte. Die Riese wollte zum Dank nur bei bei der nächsten Kindtaufe als Gast geladen werden.

Als das Fest in Aussicht war, bangte dem Müller aber vor der Freßsucht des Riesen, und er lud ihn nicht ein.

Doch der Lärm der Gäste und die Düfte der Braten zogen zur Wohnung des Riesen hinüber. Davon wurde er arg

Norden (Ostfriesland); Mühlen, Abb. von 1920

verbittert, nahm einen riesigen Felsbrocken und schleuderte ihn in seiner großen Wut über den Trollensee auf die Mühle.

Der Stein verfehlt aber knapp das Gebäude und liegt noch heute an derselben Stelle.

Mit dem Riesen hat sich der Müller aber später wieder versöhnt.

Der Kobold in der Horster Mühle

Zuweilen ließ sich in der Horster Mühle ein garstiger Kobold blicken und trieb dort sein Unwesen. Bei jeder sich bietenden Gelegenheit spielte er den Müllergesellen übel mit. Der Wicht schnitt gerne kleine Löcher in die Hafersäcke, blies zur Unzeit die Lampen aus oder leitete das Mühlenwasser um.

Nachdem er nun einst auch das Mühlrad mit den Knüppel verkeilte, damit es stille stand, wurde der Müller sehr ungehalten. Mit Donnerschockschwerenot trieb der dicke Müller seinen Gesellen hinaus, damit er das Mühlrad wieder flott mache. Der arme Kerl wuchtete mit aller Kraft, konnte aber die Sperre nicht beseitigen; der Pflock saß wie festgewachsen.

Telgte (Münsterland); Wassermühle, Abb. von 1920

„Den muß der Teufel festhalten", wütete der Geselle, und wenig später sah er es mit eigenen Augen: Der Bösewicht von Kobold hielt den Knüppel mit aller Macht im Mühlrad fest, so daß sich nichts mehr bewegen konnte.

Das war dem Müllerburschen doch zu unheimlich. Flugs lief er in die Mahlstube zu seinem Meister und rief den zu Hilfe. Nun versuchten sie zu zweit, dann sogar zu dritt, dem Kobold den Knüppel zu entreißen.

Als sie sich nun plagten und mühten, verlor plötzlich der Wicht einen Pantoffel und damit die Hälfte seiner Macht. Fluchtartig verließ er die Horster Mühle und wurde dort nie wieder lästig.

Doch der Müller war ein großer Aufschneider, und wenn er fortan gefragt wurde, warum der Kobold plötzlich verschwand, brüstete er sich damit, daß er wohl der Bessere, Stärkere und Schlauere gewesen wäre.

Die Riesenspur

Von der Melzer Mühle nach Röbel führt ein langer Steindamm durch morastiges Gelände. Auf einem der Steine kann man noch den Abdruck eines Riesenfußes erkennen, den in Zeiten der Urväter ein durchreisender Riese hinterlassen hat.

Auf seiner Wanderung in den hohen Norden war der Riese auch an das Röbeler Moor gekommen mit einem gewaltigen Satz darüber weggesprungen. Ein Fußabdruck prägte sich dabei tief in einen Stein im Steindamm, wo man ihn tausend Jahre lang bewundern konnte.

Erst mit der Umlegung des Dammes hat man diesen Stein herausgenommen und beiseite gelegt. Doch auch nach so langer Zeit kann man deutlich die Zehen des nackten Fußes erkennen.

Döse bei Cuxhaven; Abb. von 1910

Die Wallfische in Lübeck

1335 auf Michaelis kamen große Wallfische*) die Trave hinauf nach Lübeck geschwommen und wurden zu etlichen an der Holstenbrücke und an der Kuckucksmühle gefangen und erschlagen. Die Tiere waren wohl über 24 Fuß oder 10 Meter lang.

Ihre Bedeutung hat man nicht erfaßt. Aber ihre großen Rückenknochen und Rippen sind dann in der Petrikirche, an der Büttelei (Gefängnis) und an dem Absalomturm aufgestellt worden. Manche sind auch an der Kirche zu Mölln aufgehängt gewesen.

Bald allerdings enstand die Sage, dies seien Riesenknochen.

*) Schreibweise aus dem Jahr 1612

Mühlenspuk und Zauberei

Reetz (Pommern); Walkmühle, Abb. von 1940

Die Müllerin und die Katze

Ein Müller hatte das Pech, daß ihm jedesmal zu Heiligabend seine Mühle abbrannte.

Einmal hatte er einen dreisten Knecht, welcher sich erbot, in der gefährlichen Nacht Wache zu halten. Er blies ein großes Feuer an und kochte einen Kessel voll Erbsenbrei, den er hin und wieder mit einer großen Kelle rührte. Zu seiner Sicherheit legte er noch einen alten Schleppsäbel griffbereit neben sich.

Um Mitternacht kam eine Katze geschlichen, dann noch eine und schließlich noch viele andere.

Da sprach er zur ersten Katze: „Warm di, segg Harm to mi!" Und die Katze kroch zu ihm ans Feuerloch. Nun langte der Knecht in den Kessel und schleuderte der ersten Katze eine große Kelle Ebsenbrei ins Gesicht, ergriff den Säbel und haute ihr schnell die Pfote ab.

Da verschwanden alle Katzen, und zurück blieb nur die abgehauene Pfote, welche sich in eine Frauenhand mit einem goldenen Ehering verwandelte.

Am anderen Morgen blieb die Müllerin im Bett und wollte nicht aufstehen. Nach langem hin und her mußte sie dann ihren Arm vorzeigen, von dem die Hand abgeschlagen war.

Als davon die Obrigkeit erfuhr, wurde die Müllerin als Hexe verbrannt.

Scharringshausen bei Sulingen

Achim bei Bremen; Abb. von 1920

Jan Müller von Hage

War einmal ein Müller, der kam an einer Stelle vorbei, wo immer die Hexen tanzten. Da traten sie zu ihm heran und gaben ihm aus einem silbernen Halbkrug zu trinken.

Er aber nahm den Krug, goß das Gebräu seinem Pferde vorn zwischen die Ohren und ritt mit seiner Beute schnell davon. Die Hexen eilten ihm zwar nach, konnten ihn aber nicht mehr einholen. Daher stammt das Sprichwort, welches noch heute in dieser Gegend gilt:

„Prost, Jan Müller ut een sülvern Haflkroos!"

Das Wachsbild

Der Müller von Amrum konnte Hexen bezwingen.

Als einmal ein Mann schwer krank lag, sah der Müller von seiner Mühle aus täglich ein Weib in den Vordünen mit einem kleinen Gegenstand hantieren.

Er verfolgte ihre Spuren bis zur einer Höhle, grub und fand im Sand das wächserne Bild eines Männleins mit Stecknadeln im Herzen. Der Müller zog die Nadeln heraus, nahm das Bild mit sich und verbrannte es im Ofen.

Und siehe da – der sieche Mann im Dorf wurde sofort wieder gesund.

Nach seinem Tode aber fand er keine Ruhe, belästigte als Nachtmahr noch lange die Erben, welche sich um seinen Nachlaß bös zerstritten hatten.

Wulsbüttel (Niedersachsen); Abb. von 1985

Die weiße Frau

Auf den Koppeln, die an den oberen Mühlenteichen des Müllers von Klein-Wesenberg liegen, sah man oft eine Frau herumwandeln. Sie trug ihr weißes Kleid gerafft, so daß man die blaugrauen Unterröcke und ihre Schuhe mit den hohen Absätzen sehen konnte.

Abends trug sie auch eine Laterne und ging damit zum Mühlenteich, in dem sie dann verschwand. Etwa fünfzig Menschen hatten sie so gesehen.

Eines Morgens um halb vier ging ein junger Knecht von Klein-Wesenberg nach Klein-Schenkenberg auf dem Fußsteig neben dem Teich. Da erblickte er die weiße Frau vor sich und fing an zu laufen, um sie einzuholen. Als er in einer Pfütze stolperte, sah er zu seiner Verwunderung, daß er überhaupt nicht naß geworden war.

Als er wieder aufblickte, war die weiße Frau verschwunden – für immer.

Die Kartenspieler

Der alte Müller von Bargholz war ein leidenschaftlicher Kartenspieler. So kam es, daß regelmäßig am Sonntag zur Kirchzeit in der Mühle tüchtig Karten geklopft wurden.

Als nun der alte Müller gestorben war, kamen die andern wie gewöhnlich wieder zusammen, um „des Teufels Gebetbuch zu predigen". Man johlte und lärmte dabei und haute mächtig auf den Tisch, daß es nur so krachte. Und als einer ein besonders gutes Blatt gemischt bekam, rief er fröhlich aus: „Und dies wird nun Vaters Spiel!" Da ging die Tür auf, und der alte Müller kam herein, setzte sich wortlos mit an den Spieltisch und schaute still und unbeweglich zu.

Da wurde den Burschen doch angst und bange, und sie schlichen still davon, um den Pastor von Gudow zu bemühen, damit er den Spuk beende.

Doch der konnte den Alten auch nicht von der Stelle bewegen, weil er wohl selbst nicht ganz so unschuldig war, wie er immer tat.

So mußte man denn den Pastor von Pötrau herbemühen. Der war erfolgreicher, und seitdem ist der alte Müller von Bargholz nie wieder aufgetaucht.

Das schlafende Heer

Wandert man von Hamburg aus nach Norden, kommt man an der hohen, runden Kuppe des Schüberges vorbei, der einzigen großen Erhebung im südlichen Stormarn.

Im Inneren dieses Berges liegt ein schlafendes Heer. Der Müller von Hoisbüttel kam zuerst dahinter. Er hatte nämlich einmal eine Schar Schweine, welche nach alter Sitte frei beim Hause herumlaufen durften. Doch bald nach Morgengrauen verschwanden sie und kamen erst am Abend dick und rund gefressen wieder und verzichteten auf des Müllers Futter.

Das machte den Müller stutzig, so daß er ihnen nachging und feststellte, daß seine Schweine in einer Höhlung des Schüberges verschwanden. Nun wurde dem Müller klar, daß sich seine Schweine vom abspillenden Hafer der Pferde des schlafenden Heeres sattfraßen.

Nur ein Mensch hat je das schlafende Heer gesehen.

Ein Schmied, der keine Herberge mehr fand und nachts weiterpilgern wollte, begegnete einem alten, grauen Mann, welcher ihn fragte, ob er Schmied sei und Pferde beschlagen könne. Als er bejahte, bedeute ihm der Alte, von nun an zu schweigen. Und sie gingen durch einen unterirdischen Gang in den Schüberg. Dort standen viele, viele Pferde in weiter Runde. Der Alte hieß ihn, die losen Hufeisen abzureißen und die Pferde neu zu beschlagen. Während seiner schweigenden Arbeit sah der Schmiedegeselle, daß in einem matt beleuchteten Nebensaal unzählige Ritter in ihren Harnischen, mit Schwertern und Lanzen gerüstet, schliefen.

Nach getaner Arbeit gab der Alte dem Schmiedegesellen alle alten Hufeisen zum Lohn. Schon aus Angst nahm der Schmied sie mit, sonst hätte er sie gleich fortgeworfen.

Und als sein Felleisen immer schwerer wurde, setzte er es ab und erblickte in der Morgenröte, daß alle Hufeisen zu Gold geworden waren.

In Lübeck lebte der Schmied noch ein langes, glückliches Leben.

Munkbrarup (Sylt); Kellerholländer „Hoffnung" von 1870

Hamburg-Billwerder; Marsch-Entwässerungsmühlen 1850

Pukmöllwisch

Die Osterau an der Westgrenze zum Löwenstedter Feld sollte vor undenklichen Zeiten zu einem Mühlenteich aufgestaut werden. Dort sollte eine Wassermühle eingerichtet werden, und alle Leute haben dazu Material herbeigeschafft.

Doch nachts erschien immer ein Geist und spukte fürchterlich, polterte und hantierte unbändig in dem Baumaterial herum.

Das hat dann doch die Bauleute davon abgehalten, die Mühle zu bauen. Aber geblieben ist bis heute der Name Pukmöllwisch für diesen Wiesengrund.

Warum das Meerwasser salzig ist

Ein Knabe hatte auf der Welt nichts außer seiner blinden Großmutter und einem guten Gewissen.

Als für den Jungen die Zeit kam, in die Welt hinaus zu gehen und ein Handwerk zu erlernen, wurde er sehr traurig. Denn er besaß nicht einen Pfennig um sich eine Wegzehrung zu kaufen.

Da besann sich die Großmutter auf eine uralte Mühle, holte sie aus der Rumpelkammer und gab sie ihrem Enkel mit den Worten:
„Wenn du zu dieser Mühle sagst:
,Mühle, Mühle mahle mir
Die oder die Sachen gleich allhier',
so mahlt sie dir, was du wünschst. Wenn du aber sprichst:
,Mühle, Mühle stehe still,
Weil ich nichts mehr haben will!',
so bleibt sie stehen. Erzähle davon aber niemandem, es wäre dein Unglück!"

Der Junge dankte ihr und zog gleich los, um ein Schiffsjunge auf einem alten Windjammer zu werden.

In einem dunklen Winkel stellte der Knabe sogleich seine Mühle auf die Probe und befahl ihr:
„Mühle, Mühle mahle mir
Viele Dukaten sogleich allhier!"

Da mahlte die Mühle ihm viele rote Dukaten, mit denen er sich alle Wünsche erfüllen konnte.

Das machte natürlich seine Kameraden sehr neidisch, und auch der garstige Schiffshauptmann bekam Wind von der Zaubermühle.

Er bestellte den Schiffsjungen zu sich und verlangte:
„Hole deine Mühle und mahle mir frische Hühner!"

Doch der Junge wollte ihm das Geheimnis nicht preisgeben. Es half nichts, mit Gewalt brachte man seine Mühle zutage.

Der Schiffshauptmann sah sich in blinder Gier schon mit Hilfe der Wunschmühle zum reichsten Mann der Welt werden. Er stieß den Jungen rücksichtslos über Bord in das Meer, ging in seine Kajüte und wollte sogleich die Mühle ausprobieren. Und da es gerade an Salz mangelte, sagte er zur kleinen Mühle:
„Mühle, Mühle, mahle mir
Weiße Salzkörner gleich allhier!"
Und die mahlte weiße Salzkörner.
Als der Napf voll war, rief der Schiffshauptmann: „Nun ist's

genug!" Doch sie mahlte immerzu und hörte nicht auf, weil der Hauptmann den richtigen Spruch zum Abstellen der Mühle nicht kannte. Darum mahlte die Mühle Salz und Salz, bis das ganze Schiffsdeck überlief. In wilder Verzweiflung zerschlug der Schiffshauptmann die Mühle in winzig kleine Stücke, doch aus ihnen entstanden sofort viele, viele neue Mühlen, die alle Salz mahlten.

Das Schiff ging mit Mann und Maus und allen Mühlen unter. Diese mahlten am Grunde des Meeres noch heute das Salz, das das Meerwasser so salzig macht. Auch wen man ihnen den rechten Spruch zum Aufhören zurufen würde, sie könnten es nicht hören, so tief ist das Meer.

Hamburg-St. Georg; Lohmühle stand von 1642–1854

Die Hexe von der Boltenmühle

Dem Müllergesellen auf der Boltenmühle erschien eines Nachts ein Geist, der ihn zu einem vergrabenen Schatz führen wollte. Der Geselle ging aber nicht mit, sondern besprach erst die Sache mit dem Müller.

Der Müller wollte nun auch mitgehen. Und so erlaubte der Geist beiden, den Schatz zu heben. Sie fanden ihn vergraben unter einem riesigen, schwarzen Hund, den der Geist in einen Tiefschlaf gezaubert hatte. Dann teilten alle drei die Golddukaten gerecht untereinander auf.

Doch die Meisterin war damit nicht zufrieden. Mit einer Axt erschlug sie den Müllerknecht und nahm sein Gold.

Doch kurz darauf starb sie selber.

Als ihr Sarg an der Mühle vorbeigetragen wurde, erschien sie den Trauergästen am Fenster. Sie verhöhnte die Leute, lachte, klatschte in die Hände und rief unflätiges Zeug.

Man öffnete den Sarg und fand statt der toten Müllerin nur einen alten Besen darin.

Die Alte aber spukte auch fernerhin in der Mühle herum, bis es dem Müller doch zu dumm wurde. Für viel Geld heuerte er zwei Juden an, die das Gespenst vertreiben wollten.

Sie stellten eine Flasche in einen Winkel der Mühle und hetzten den alten Spukgeist solange herum, bis er in der Flasche Zuflucht suchte. Dann verkorkten sie die Flasche, versiegelten sie und vergruben sie links des Weges von der Mühle nach Neuruppin.

Auf der Mühle spukte es es zwar nicht mehr, aber in der Schlucht, in der man die Müllerin begraben hatte, war es seitdem nicht mehr geheuer.

Fleischgaffel bei Siek (Stormarn); Ahrensburger Mühle

Die Graupelmühle

Es war einmal ein bitterarmes Mädchen, das zusammen mit seiner noch viel ärmeren Mutter auf einem hohen Berg wohnte.

Eines Tages holte das Mädchen wie immer Reisig aus dem Walde, als eine alte Frau vorbeikam und Erbarmen mit dem Mädchen hatte:

Klein-Wabs bei Eckernförde; Kornwindmühle bis 1905

„Hier hast du eine kleine Mühle; drehst du sie links herum, so mahlt sie schönes weißes Mehl, und ihr habt immer genug zu essen. Drehst du sie aber rechts herum, kommen Graupen. Und erzählst du jemandem das Geheimnis, so mahlt sie überhaupt nicht mehr." Zum Schluß erzählte die alte Frau dem Mädchen, wie man die Mühle zum Stehen brachte.

Freudig lief die Kleine mit der Mühle nach Hause. Doch sie war schon so schwach vor Hunger, daß sie daheim tot zusammenbrach. Die Mutter aber erfuhr niemals etwas über diese Zaubermühle. Neugierig geworden, drehte sie die Kurbel rechts herum, und es kamen Graupen, viele feine Graupen aus der Mühle.

Zuerst noch erfreut, doch dann erschrocken über so viele Graupen, wollte die Mutter die Mühle anhalten; sie warf einen Knüppel in die Flügel, aber nichts konnte die Mühle zum Stehen bringen. Da blieb der Frau nur noch die Flucht: Sie verließ die Hütte und lief auf und davon.

Die Mühle aber mahlt noch immer. Und wenn sie wieder einen ganz großen Haufen gemahlen hat, fegt der Wind über den Berg und weht die Graupen über die Erde.

Und dann sagen alle Leute: „Seht, es graupelt."

Hochdonn am Kaiser-Wilhelm-Kanal; Kornmühle, gebaut 1855

Waldminchen

Es war einmal ein kleines, garstiges Mädchen: So hübsch es war, so unartig gebärdete es sich seinen Eltern gegenüber. Nichts konnte es davon abhalten, den ganzen Tag Unfug zu treiben. Zänkisch und eigensinnig reagierte es auf Lob und Strafe, selbst die Ermahnung: „Paß auf, daß dich nicht eines Nachts das Waldminchen holt" konnte es nicht erschrecken.

Es kam wie es kommen mußte. Eines Tages erschien Waldminchen in einer ungeheuer langen Schleppe, begleitet von zwei Hasen, die jeder auf dem Rücken ein großes Licht trugen.

Da half kein Zetern, sie ergriffen das böse Kind und trugen es zu einer versteckten Waldhöhle.

An nächsten Morgen sollte das Kind mit anderen übel geratenen Kindern gemeinsam zum Guten gebracht werden. Doch nichts half: Während andere sich schon gebessert hatten, blieb das kleine Mädchen verstockt, mürrisch und zu jedem Zank und Hader bereit.

„So geht es nicht weiter", beschloß Waldminchen, und nahm sie wilde Göre an der Hand und zog sie fort, immer tiefer in den Wald hinein, bis zu einem geheimnisvollen Mühlenteich, an dem drei sonderliche Mühlen ein furcht-

bares Brausen anhuben. Die Waldfrau ging geradewegs auf die erste Mühle zu und sagte:
    Was alt ist, wird jung,
    Was jung ist, wird alt.
Sie setzte das böse Mädchen aufs Mühlrad, und in flinkem Schwung wurde das Mädchen nach jeder Umdrehung um Jahre älter, wurde älter und älter, bis es ihm doch sehr unbehaglich zumute wurde. Nun bangte das Mädchen zum ersten Mal im Leben und bat flehentlich aufzuhören.

Wortlos nahm nun die Waldfrau das Mädchen zur zweiten Mühle. Zwei Männer warfen es dort auf das zweite Mühlrad, und Waldminchen sagte dazu:
    Was jung ist, wird alt,
    Was alt ist, wird jung.
Kaum war es ausgesprochen, wurde das Mädchen wie vordem, jung und hübsch, und auch alle Bosheit war wie weggewaschen. Voll tiefer Reue sah sie ihre früheren Launen ein und strengte sich sehr an, ein gutes Kind zu werden.

Daraufhin warf die Waldfrau das Mädchen in den dritten Mahlkasten und sprach dazu:
    Was alt ist, wird jung,
    Was alt ist, wird jung.
Da wurde das Mädchen noch viel jünger und schöner, und sein Liebreiz und sein edles Wesen leuchteten weit durch den Wald, als sie von Waldminchen wieder nach Hause gebracht wurde. Auch die Eltern hatten noch viel Freude an ihrem Kind bis hoch in ihre alten Tage.

Schlöttnitz (Pommern); Mühle und Bäckerei Reichenow 1920

Der Mönch in Friesland

In Sneek stand vorzeiten eine Ölmühle, „Der Mönch" genannt. Eine Tafel, worauf ein Mönch abgebildet war, hing von alters her immer im Hause.

Wurde das Bild nur einmal anders gehängt, konnte man kein Öl mehr schlagen, so sehr man sich auch abrackerte. Nur wenn die Tafel wieder an der selben Stelle hing, war alles in bester Ordnung.

Später brachte man das Bild einmal zum Aufarbeiten, und siehe, alle Räder der Mühle standen für diese Zeit still.

Zuletzt hing die Tafel mit dem Mönch außen an dem verfallenen Gebäude, ist mit ihm aber ganz verschwunden.

Karfreitag

In den niedersächsischen Spinnstuben entstand nicht nur der Dorfklatsch, dort hatten auch fast alle Spuksagen ihren Ursprung. Nach Feierabend kam hier das junge Volk zusammen: Die Mädchen strickten an Gerüchten, die jungen Männer imponierten mit gruseligen Geschichten.

Eine dieser erfundenen Geschichten mag wohl nur der Belehrung gedient haben und dem Zweck, den Feiertag zu heiligen.

So erzählte man sich folgendes:

Unweit von Lütjenburg mußte ehemals eine Windmühle abgebrochen werden, nachdem einmal ein Müllerbursche aberwitzig auch an einem Karfreitag gemahlen hatte und deshalb im Räderwerk der Mühle spurlos verschwand. Fortan hörte man in jeder Nacht sein klägliches Schreien, das begleitet wurde von einem unheimlichen Poltern im Mahlkasten, obwohl das Werk stillstand. Dies ging den Leuten im Dorf mit der Zeit so an die Nerven, daß sie allesamt Hals über Kopf zur Mühle stürzten und sie in tausend Stücke schlugen – erzählte man sich.

Dahmsdorf (Stormarn); Kornmühle, 1884 gebaut

Der verwunschene Prinz

Nahe der Horstmühle auf dem Bödenteich zwischen Elmshorn und Horst geht zur Zeit des Neumonds immer ein verwunschener Prinz um.

Er ist von langer, feuriger Gestalt, mit brennendem Kopfe, und trägt ein Spinnrad unter dem Arm.

So läuft er schon seit Hunderten von Jahren herum, weil er einmal einen Meineid geschworen hat.

Der Meineid

Der Gemeindewald von Gerolzhöfen grenzt eine Stunde von Klosterebrach an den Steigerwald. Früher war er Eigentum der Geißfelder; die jedoch verpfändeten ihn einst in Kriegszeiten an die Gerolzhöfer.

Um die Rückgabe entstand nun ein furchtbarer Streit, bei dem auch der Hirt von Geißfeld vor Gericht zum Schwur erscheinen mußte. Von den Gerolzhöfenern zum Meineid bestochen, erschien der Hirt vor Gericht. Unter seinem Hute einen Schöpflöffel und Gerolzhöfer Erde in seinen Schuhen versteckt, schwur er:

„So wahr ein Schöpfer über mir ist und so wahr ich auf Gerolzhöfer Erde stehe, schwöre ich, daß der Wald den Gerolzhöfern gehört."

Dudensen (Niedersachsen); Bockwindmühle, 1826 gebaut

Das genügte dem Gericht, um den Gerolzhöfern den Wald zuzusprechen. Der überschlaue Hirt aber mußte seitdem ruhelos umgehen. Man hat ihn oft im Walde umherschweifen sehen. Er führt auch Menschen in die Irre.

Mann nennt ihn den „Gerolzhöfer Waldpöpel".

Als der Gerolzhöfer Müller einmal seinen Bach fegen mußte, erschien ihm der Pöpel und bat ihn, die Gerolzhöfer Ratsherren dazu zu bewegen, der Gemeinde Geißfeld ihren Wald rechtmäßig wiederzugeben, sonst fände er ewiglich keine Ruhe. Zum Wahrzeichen würde er dem Müller seine Haue überlassen. Der Müller versprach es und bekam die Haue mit den fünf tief eingeprägten Fingerabdrücken des Pöpels.

Diese eiserne Haue liegt noch heute im Rathaus zu Gerolzhofen, wird aber niemandem gezeigt, denn den Wald haben sie bis heute nicht zurückgegeben.

Die alte Frick

Des Teufels Großmutter nannte man in Mecklenburg „die alte Frick". Allnächtlich fuhr sie im weiten Kreise um die Boizenburger Mühle herum, saß in einer Karre und ließ sich von gewaltigen, zottigen Hunden ziehen. Die Tiere fraßen alles, was ihnen unter die Zähne kam, wobei ihnen ein helles Feuer aus Augen, Ohren und Nase fuhr.

Vor 1850 herrschte noch allerorten der Mahlzwang. Auch die weiter entfernt wohnenden Bauern waren verpflichtet, ihr Korn auf der Boizenburger Mühle mahlen zu lassen.

Nach Eintritt der Dunkelheit kam eines Abends noch sehr verspätet ein Bauer mit seinem Mehl von der Mühle und wollte nach Hause. Als er so nichtsahnend dahinfuhr, hörte er plötzlich ein gewaltiges Toben: Die alte Frick kam mit ihren großen Hunden dahergestürmt.

In seiner Todesangst schüttete er den gewaltigen Tieren all sein Mehl vor, und die stürzten sich schnaubend darauf und fraßen sich dick. Hätte er das nicht getan, so wäre es ihm wohl übel ergangen.

Tieftottraurig kam der Bauer nach Hause zurück und erzählte von seinem Mißgeschick: daß er nur um die Hunde abzuwehren, all sein Mehl ausgeschüttet habe.

„Sei nicht traurig", meinte seine Frau, „wirf man die leeren Säcke in die Ecke. Morgen ist auch noch ein Tag."

Das tat der Mann. Doch wie verwundert war er, als am nächsten Morgen alle Säcke wieder gefüllt waren, so wie er sie von der Boizenburger Mühle abgeholt hatte.

Das Schwein von Hoisbüttel

In Abwandlung anderer Sagen um den Schüberg findet sich auch diese Variante.

Im Innern des zwischen Hoisbüttel und Ahrensburg gelegenen Schüberges hauste einst ein verzauberte Graf.

In Gestalt eines dicken Schweines hatte er unbemerkt jahrelang des Müllers Korn und Mehl gefressen. Allabendlich kam der Graf auf vier Beinen durch einen unterirdischen Gang in die Mühle und tat sich dort gütlich.

So hätte er noch tausend Jahre futtern können, wenn nicht dem Müller eine lose Platte im Fundament verdächtig vorgekommen wäre. Er hat einen großen Mühlstein darüber gerollt, und seitdem blieb er vom Korndieb unbehelligt.

Warum der Graf in ein Schwein verwandelt wurde und ob er heute woanders sein Fressen holt, berichtet die Sage nicht.

Die Stadtmühle von Cottbus

Vor vielen Jahren war es in der Stadtmühle von Cottbus nicht recht geheuer: In jedem Jahre sind nämlich zwei Müllerburschen in der Mühle elend umgekommen.

Weser-Schiffsmühle; bis 1880 benutzt.

Das begab sich jedesmal dann, wenn das Mühlrad zu singen anfing. Eines Tages wurde es dem Müller, bei dem kein Geselle bleiben wollte, zu dumm. Er sann auf Abhilfe und beschloß dann folgendes: Wenn jemand das Mühlrad wieder singen hören sollte, dann seien sofort zwei lebendige Tiere in das Rad zu werfen.

So geschah es; und kein Müllerbursche brauchte mehr zu sterben. Gespukt hat es seitdem nur noch einmal in der Stadtmühle von Cottbus: In der Nacht von Sonnabend auf Sonntag, als noch mehrere Arbeiter in der Mühle zu tun hatten, erschien ihnen eine hohe schwarze Gestalt. Mutig trieben sie den Unhold in den Mühlenteich, worin er prompt ersoffen ist.

Der Zauberlehrling

Die Pegnitz treibt noch heute die Räder der Götzenmühle, wo einst ein Müllerbursche, ein ehemaliger Husar, seine wüsten Abenteuer den staunenden Mahlgästen zum besten gab.

Doch am liebsten saß der alte Bursche allein in seinem Kämmerlein und studierte in dicken, vergilbten Folianten.

Ein aberwitziges Bürschchen von Müllerknecht war doch

allzu neugierig und wollte gerne wissen, was der Alte da so alleine wirklich trieb.

Voll Staunen mußte er miterleben, als er so mucksmäuschenstill durchs Schlüsselloch schaute, daß den alten Büchern eisgraue Husaren entstiegen: Geschmückt mit buntem Rock und Schleppsäbel entstiegen sie den Buchseiten, während der Alte tiefversunken die verstaubten Bücher durchblätterte.

Als eines Abends der alte Husar in die Stadt beordert wurde, bahnte sich der junge Bursche den Weg ins Zimmer zu den Büchern des Alten, um ihm gleichzutun.

Als er so las und stöberte, entstiegen den Büchern auch diesmal die Husaren und bildeten eine Tafelrunde. Mit ihrem Blick jedoch bannten und lähmten sie den jungen Knecht, daß ihm das Blut in den Adern gefror. Er wäre gern entsprungen, doch stundenlang war er gezwungen, den Husaren vorzulesen, bis endlich der Alte zurückkam und den bedrängenden Zauber löste.

Den Burschen traf die harte Strafe des Schreckens: Weißhaarig und um Jahrzehnte gealtert machte er sich aus der Stube des Alten davon, wurde von niemandem mehr erkannt und mußte seiner Wege gehen, keiner weiß wohin.

Bernitt (Mecklenburg); Bockwindmühle, bis 1935 gelaufen

Haseldorf (Holstein); Abb. von 1920

Der Weizen auf der Altenburg

Unweit der Huckmann-Mühle, etliche hundert Schritte von Holzhausen entfernt, findet man noch die Gemäuerreste einer alten Burg mit Wallgraben.

Der Müller fand hier einmal einige Leinentücher ausgebreitet, auf welchen der schönste Weizen lag. Als er eine Handvoll als Kostprobe aufhob, verwandelten sich die Weizenkörner in seiner Hand zu Goldkörnchen.

In seiner Feude rannte er schnell davon, um seiner Frau davon zu berichten – vieleicht zu schnell: Denn als er noch einmal zu dem Zauberweizen zurückkehrte, um auch den Rest mitzunehmen, fand sich nichts als ein wertloses Häufchen Sand.

Die Lakenfrauen

Ein Mann aus Zernik ging noch abends zur Mühle.

Auf seinem Wege begegnete er zwei frauenähnlichen Gestalten, welche ganz in weiße Laken gehüllt waren, so daß man von ihren Körpern nichts erkennen konnte.

„Laken, wo wollt ihr hin?" fragte er. Doch die beiden Gestalten gaben nur unverständliche Töne von sich. Da wurde der Mann vollends neugierig und folgte den Gestalten, weil er meinte, sie wollten auch zur Mühle. Er ging schon bald ohne eigenen Willen und kam ganz vom Wege ab, bis er zuletzt nicht mehr wußte, wo er war. Doch eine wohlige Wärme, wie von einem Kachelofen, begleitete ihn.

Erst am nächsten Morgen kam er wieder zu Sinnen und fand sich weit entfernt von seinem Heimatort unter einem Busch auf dem Felde sitzend.

Im Baltikum hießen solche Weiber Plachutki. Manchmal wurden sie wegen ihrer Laken auch Lakenfrauen genannt. Zum Markte ziehende Bauersfrauen waren oft so gekleidet, aber auch die Pestjungfrau: Wer sie sah, den traf die Pest unweigerlich.

Knuth (Pommern); Bahnhof mit Bockwindmühle

Die Spukmühle in Gröpelingen

Im Müllerhause spukte es, seitdem die Müllerstochter, ganz gegen den Willen der alten Müllerwitwe, den Knecht geheiratet hatte. Die Alte hatte wohl Besseres mit ihrer Tochter vorgehabt und hätte lieber eine reiche Partie gesehen.

Aber nun spukte es seit der Hochzeit; jede Nacht sprangen im Obergeschoß, wo das junge Paar wohnte, alle Türen auf.

Als das Gepolter und Gepoche kein Ende nehmen wollte, zogen die beiden Jungen nach unten und quartierten die Alte nach oben ins Mühlenhaus. Das hat die Alte wohl nicht verkraften können: Sie starb kurze Zeit später.

Damit war zwar der Spuk vorbei; das Obergeschoß der Spukmühle haben die jungen Müllersleut aber nie wieder betreten.

Die verzauberten Schweine und Schafe

Das vorgeschichtliche Gräberfeld bei den Persanziger Mühlen in Hinterpommern zeigte derart viele Steine, daß unsere Vorfahren glaubten, diese könnten nur durch Zauberei hierher verbannt worden sein.

Die Sage erzählt, daß hier einst ein ein Schweinehirt lebte, der zugleich auch ein Schäfer war, und der gegen alle Verbote sein Vieh durch das einer Hexe gehörende Kornfeld trieb. Zur Strafe wurden seine Tiere in diese Steine verwandelt. Die großen Steine waren die Schafe, die kleinen die Lämmer; die dunklen Steine waren die Schweine, und ein schwarzer Stein etwas abseits konnte nur des Schäfers Hund gewesen sein. Der Hund genießt das Vorrecht, sobald in der Frühe ein Hahn kräht, sich noch einmal um seinen Schwanz drehen zu dürfen: Denn er war der am wenigsten Schuldige, er befolgte nur die Weisungen seines Herrn.

Der Schäfer aber hatte seinen rechten Fuß auf einen Stein gesetzt, als die Hexe ihn zur Rede stellte. Und dieser Stein mit dem Abdruck der Schuhsohle liegt ganz dicht bei dem kleineren schwarzen Stein.

Friedrichskoog (Dithmarschen); Mühle „Vergißmeinnicht"

*Hamburg-Neuenfelde;
Mühle bis 1920 gelaufen*

Der Spitzbube in der Windmühle

Nahe Magdeburg steht auf einem Hügel eine Windmühle. Als sie schon sehr baufällig war, ließ der Müller einen Mühlenbaumeister kommen, welcher Reparaturen vornehmen sollte.

Der Mann verstand sein Handwerk, doch verschwand alsbald das eine und das andere Teil von der Mühle. Nun beschloß der Müller, dem Übel Einhalt zu gebieten. Zum Glück verstand er sich auf das Bannen.

Eines Tages sah der Knappe, als er aus dem Mühlenfenster blickte, einen Bauern stocksteif vor der Mühle stehen. Wie festgemauert stand er dort, mit einer Axt über der Schulter, die er aus der Mühle gestohlen hatte.

Der Knappe lief nun zum Müller, welcher erfreut herbeitrat, dem Dieb die Axt abnahm und ihm ein paar deftige Tatzen versetzte. Dann erst löste er den Bann von dem diebischen Bauern, welcher zu Tode erschreckt davonlief.

Da sich eine solche Sache schnell herumspricht, blieb die Mühle fortan von Dieben und Strolchen verschont.

Die Woltmershusener Mühle

In Woltmershusen, im Bremischen, macht der Deich beim Potthoff einen scharfen Knick. Und genau da stand Bartels Gasthof „Zum Schneider", in dem man sich allabendlich traf, um zu klönen.

Ganz früher wohnte hier ein gewisser Treseler, von man sich allerhand erzählte. Einmal behauptete er steif und fest, daß die Woltmershusener Mühle brenne. Man lachte ihn aus. Doch er beharrte: ganz genau könne er das Feuer sehen und die glühenden Balken und das lodernde Gebäude. Doch alle verlachten ihn.

Aber alles ist so gewesen, wie der Wirt es beschrieben hat. Es war genau um die gleiche Zeit geschehen.

Visbek (Niedersachsen); die Wassermühle ist heute ein Restaurant

Das gestohlene Mehllaken

Bei Wanzleben stand eine Mühle, aus der oft gestohlen wurde. Der Müller fahndete erfolglos nach Tätern, bis eines Tags ein neuer Knappe auf die Mühle kam.

Der Müller erzählte dem neuen Knappen von seiner Not, daß ausgerechnet immer die neuen Mehllaken gestohlen würden und noch nie ein Täter erwischt wurde; darum solle der Knappe besonders gut aufpassen.

Der Knappe legte ein Laken vor sich hin und bezog Nachtwache mit dem festem Vorsatz, kein Auge zuzutun. Ob er nun doch noch eingeschlafen war, wollte der Knappe später nicht beschwören, aber das Mehllaken war und blieb vorerst verschwunden.

Vahrendorf (Niedersachsen); Windmühle, Abb. von 1950

Da nahm er am anderen Morgen sein ganzes Geld und ging zu einem Mann in die Stadt, von dem man sagte, er könne Diebe bannen. Dem erzählte er nun sein Mißgeschick und gab das Geld, damit dieser für Abhilfe sorge.

„Es ist gut, ich weiß alles. Geh nach Hause, und du bleibst zukünftig ungeschoren, dafür werde ich sorgen", sagte der Mann, der über Diebe Gewalt hatte.

Als der Knappe zurück zur Mühle kam, hing das neue Mehllaken am richtigen Platz und wurde auch nie wieder gestohlen.

Uckermünde (Pommern); Bockwindmühle am Weg zur Heilanstalt, 1930

Die eingewachsene Hostie

Bei Dillingen lebte ein aberwitziger Mühlenknecht, der die Arbeit nicht erfunden hatte. Bei jeder Gelegenheit schmiß er alles hin, und meinte, der liebe Gott möge in seiner gütigen Größe selber arbeiten.

Wie auch immer, es geschah, daß ihm auf einmal alles leicht von der Hand ging. Mit dem kleinen Finger warf er die Mühlenflügel an; mit seinem Daumen bremste er die Mühle selbst aus vollem Lauf. Seine Kraft war von heute auf morgen gekommen. Erst als er einmal krank daniederlag, hat der Arzt die Ursache entdecken können.

Seine Kraft bezog der Knecht aus einer Hostie, die er einmal gestohlen hatte. Diese Hostie war in seinem rechtem Arm angewachsen, wo er sich mit dem Messer eine Tasche ins Fleisch geschnitten und die Hostie hineingeschoben hatte. Der Arzt wollte die Hostie herausschneiden, doch beim Schneiden ist dann die ganze Lebenskraft aus dem Knecht gewichen. Daran ist er gestorben – wenn auch eigentlich nicht ganz: Denn in finsteren Nächten kann man ihn auf den Mühlenflügeln reiten sehen, und er dreht dann mit seinem kleinen Finger die Flügel wie er will.

Der Venezianer im Harz

Vom Süden hinauf bis zum Harz kommen diese geheimnisvollen Geister vor: ein Gemisch aus Zwerg und Zauberer, wohl aus Venedig stammende Schwarzkünstler, die unterirdisch hausen. Immer auf der Suche nach Schätzen und edlen Metallen, nehmen sie menschliche Gestalt an und mischen sich unter die Bergleute.

Ein Müller von Harzburg hielt sich für besonders schlau und rühmte sich, vor nichts und niemandem auch nur mit einer Wimper zu zucken. Ein Venezianer, der bei einem Manne im Walde untergekommen war, hörte von dem vermessenen Müller und suchte ihn auf.

„Müller", sagte der Venezianer, „setzt euch auf den Stuhl mitten ins Zimmer und blickt unverwandt auf das Loch in der Fensterscheibe, vielleicht wird euch dabei der Mut in die Hosen versinken." Der Müller nahm die Wette großspurig an.

Kaum aber hatte der Venezianer begonnen, aus einem winzigkleinen Buch allerlei Unverständliches vorzulesen, als ein Schlangenkopf durch das Loch geradewegs auf das Gesicht des Müllers stieß und dicht vor seiner Nase feurig zu züngeln anfing. Der Müller aber blieb standhaft, so daß sich die Schlange unverrichteter Dinge wieder zurückzog.

Dennoch war der Müller nach diesem „Scherz" um einiges bescheidener als zuvor, und um nichts in der Welt wollte er noch einmal seine Furchtlosigkeit unter Beweis stellen.

Mühlteich und Mühlberg

Neuschönnigstedt (Stormarn); Mühle 1886 gebaut

Nixenmühlen

Nicht weit von Kirschain in Hessen liegt ein sehr tiefer See, welcher „Nixenborn" genannt wird.

Oftmals erscheinen am Ufer Nixen, um sich zu sonnen. Die am See liegende Mühle heißt deswegen „Nixenmühle".

Auch zu Marburg an der Lahn soll 1615 bei der Elisabether Mühle ein Wassernix aufgetaucht sein.

Der Mühlstein

Als die Fockbeker wieder einmal einen neuen Mühlstein zur Mühle hinaufbringen sollten, quälte sich das halbe Dorf damit ab.

Genau so ging es mit dem alten Mühlstein, den sie mit fünfundzwanzig Mann doch nur knapp wieder zu Tal brachten.

„Das hätten wir bequemer haben können", fiel zuletzt jemandem ein. „Es hätte doch nur einer seinen Kopf durch den Mühlstein zu stecken brauchen, um zu steuern! Der Rest wäre von allein gegangen."

Also wälzten alle den alten Mühlstein wieder hoch zur Mühle und machten es wie beschlossen.

Leider brach sich der Steuermann dabei sofort das Genick.

Die Müllerin von Timmhagen

Bei Henstedt liegt an der Alster der alte Timmhagener Diek, auch Kronsdiek genannt, der uralte Mühlenteich der vor 1700 stillgelegten Timmhagener Mühle.

Eine Sage, die an den Ring des Polykrates erinnert, webt sich um diese Wassermühle.

Es heißt, der Timmhagener Müller sei der reichste Mann

der ganzen Gegend gewesen. Nach seinem Tode legte seine verschwenderische Witwe einen herrlichen Lustgarten an, nach dem die Koppel, wo er einst lag, noch heute Rosengarten genannt wird.

Als die Frau mit einer illustren Gesellschaft auf dem Mühlenteich Boot fuhr, schleuderte sie vor Übermut ihren kostbaren Ring ins Wasser und rief: So gewiß dieser Ring nie wiederkäme, so unvergänglich wäre auch ihr Reichtum.

Bald darauf fing man einen Hecht zur Tafel, und als man ihn ausnahm, fand sich in seinen Eingeweiden der Ring der Müllerin.

Gar nicht lange dauerte es, bis die einst so wohlhabende Müllerin verarmte und elend auf der Straße verhungerte.

(Eine identische Sage erzählt von einem Grafen und dem Hohenfelder Mühlenteich.)

Hamburg-Bergedorf; Kornwassermühle 1204 gebaut

Der schwarze Bulle

Über die Jungfernbek, die bei Ankershagen, vordem Rumpshagen, in den Mühlensee mündet, führte vor Jahren ein schmaler Steg.

Dieser Steg war zur Mitternachtsstunde nie geheuer, denn ein großer, starker, schwarzer Bulle lag dort auf der Lauer und zwang jeden, der hinüber wollte, zur Umkehr.

Es kam einmal ein stattlicher Zimmerbursche in diese Gegend, der hörte von dem Untier und bot sich an, diesen Spuk zu beenden. Gegen Mitternacht begab er sich zu dem besagten Mühlensteg und gewahrte schon von weitem das Untier mit den glühenden Augen. Umkehren konnte er nun nicht, durchs Wasser wollte er auch nicht waten, also stellte er sich dem Bösen. Mit seiner Axt ging er auf das Vieh los und schlug ihm aus Leibeskräften auf das schwarze Fell, indem er zu jedem Hieb „Eins – zwei, eins – zwei!" ausrief.

Das gewaltige Tier schien diese mörderischen Hiebe kaum zu bemerken: Es grunzte etwas, dann erhob es sich brummend

Rahden (Niedersachsen); Pferdegöpelmühle im Museumsdorf

Niedersächsische Ziegelmuster an Bauernhäusern

und trottelte davon. Kurz vor den Bäumen in der Ankershagener Heider drehte sich das Untier noch einmal um und sagte zum Zimmergesellen:

„Ein Glück für dich, daß du nur bis zwei gezählt hast. Hättest du bis drei gezählt, dann wäre es dir übel ergangen!" Sprachs und verschwand mit einem gottserbärmlichen Knall.

Seitdem kann jeder in Frieden über den Mühlensteg ziehen, wann immer er möchte, denn der Bulle wurde nie wieder gesehen.

Der Topich

Jeder größere See, jeder Mühlenteich hat in Masuren seinen Topich. Er ist nicht größer als ein sechsjähriges Kind, hat triefnasses Haar und eine rote Zipfelmütze auf, zuweilen trägt er rotfarbige Kleider. Er hält sich immer an den gefährlichsten Stellen der Gewässer auf.

Große Gewässer haben zuweilen auch zwei Topiche.

Sie tauchen auf, klatschen einmal in die Hände und tauchen wieder weg. Zeigen sie sich, wird bald jemand ertrinken. Sie fordern im Schnitt jährlich ihr Opfer.

Doch wenn lange keiner ertrunken ist, weinen die Topiche; mit feinem Gehör kann man ihre Klagen vernehmen:

„Die Stunde ist nah – das Opfer nicht da!"

Wem bestimmt ist, dem Topich anheim zu fallen, den zieht es unwiderstehlich in die Nähe der steilen Ufer.

Dort hängen die Topiche oft greifbar nahe ihre Stiefel oder Mützen auf. Wer sich verlocken läßt, stürzt dann unweigerlich und unrettbar in die Fluten.

Die Bisdorfer Lehmkuhle

Neben der Bisdorfer Mühle liegt eine sagenumwobene Lehmkuhle. Aus ihr holten sich schon die Alten ihren Lehm zum Wandverputz und für ihre Stampflehmfußböden.

In wasserknappen Jahren schöpften sich hier auch die Leute Trinkwasser, denn die Kuhle führte eine herrliche Quelle.

In dem Wasser wohnte ein großer Lurch. An gewittrig schwülen Tagen saß er am Ufer, und wer ihn neckte oder scheuchte, dem blies er seinen giftigen Atem ins Gesicht, und die Getroffenen wurden dadurch blind.

Einmal hetzte der Bisdorfer Müller seinen Köter gegen den Lurch. Schwer angeschlagen und jaulend kam der Hund wenig später zur Mühle zurückgekrochen und ist kurze Zeit danach erblindet und verendet.

Hamburg, Heiligengeistfeld Mühle; 1938 abgebrochen

Tags darauf ist des Müllers Töchterchen zum Lurch gegangen, hat ihn liebevoll gefüttert und durfte ihn auch streicheln. Zu ihr ist er handzahm geworden, – er hat sie wohl geliebt. Des Müllers Tochter ist daraufhin nie wieder krank gewesen und erst im gnadenvollen Alter von über neunzig gestorben.

Ammerland; Abb. von 1960

Die Nütschauer Mühlenbauer

Als wieder einmal das Grundwerk der Nütschauer Mühle erneuert werden mußte, benötigte man starke Tannenpfähle von etwa zwei Metern Länge. Allerhand starke Männer waren vonnöten, um mit einer Eichenramme, dem Rammbär, einem vierkantigen, 30 x 30 cm dicken und 1 Meter langen Eichenstempel, Pfähle in den schweren Boden zu schlagen. Die Ramme wurde abwechselnd von je vier Männern an den vier Eisenringen mit länglichen Griffhölzern emporgerissen und wieder fallen gelassen.

Dabei wurden im Takt Arbeitslieder gesungen, von denen eines überliefert ist:

> Hog op de Block!
> Denn Pahl upp'n Kopp!
> Je höger de geiht –
> je bedder dat sleit!
> Höger, ümmer höger:
> Nu schick de Buddel na dem Kröger,
> un lat mal eenen halen:
> De Möller mööt betalen!
>
> Noch tweemal hoch den Block
> De Pahl möt rin int Lock.
> Un wi verpuust uns'n bütten –
> un nehmt mal ers'n Lütten!

In einem anderen Arbeitslied der Mühlenzimmerleute lautet der Text:
>   Tau jede Arbeid gauden Maut –
>   denn geiht se ok nomal so gaut!
>   Den hebbt wi Möhlentimmerlüüt!
>   Bi uns Arbeid sünd wi slank –
>   uns Geschirr üs ümmer blank.
>   De Aex sütt op'n Stöl so fast –
>   de Hobel geiht dörch jeden Knast.
>   Da fleeg de Spöön.
>   Schockschwerenot.
>   Un allens steiht bi üns im Lot.

Obersackhöhe (Pommern);
Erdholländer, Abb. von 1930

Hier – sehen – wir – uns – wieder

Die Boizenburger Mühle trug vor langen Jahren den schönen Namen „Hier – sehen – wir – uns – wieder".

Zwei Müllerburschen nämlich trennten sich einst hier auf dieser Mühle mit dem Versprechen, daß sie all ihr Geld nehmen und eine Mühle kaufen würden, wenn sie sich einmal irgendwo wiederträfen. Diese bekäme dann den Namen „Hier – sehen – wir – uns – wieder".

Wie es der Teufel wollte: Nach Jahr und Tag trafen sie sich justament in der Boizenburger Mühle wieder, kauften sie und gaben ihr den versprochenen Namen.

Heute allerdings heißt diese Mühle schlicht: Die Boizenburger Mühle.

Der dreibeinige Hase

Bei Biederitz, nahe Magdeburg, lag einst eine kleine Wassermühle. Zu ihr führte ein lauschiger Weg entlang einer saftigen Wiese, rechter Hand lag eine Hecke, linker Hand nur Unland.

Aber gerade hier auf dem Unland tummelte sich abends ein dreibeiniger Hase, mit dem nicht zu spaßen war. Man tat besser daran, schnellen Schritts weiterzukommen und dem Hasen nicht zu scharf in die Augen zu blicken.

Doch eine Magd, die hier öfter vorbei kam, konnte es nicht lassen, den Hasen zu ärgern. Eines Abends nahm sie einen dicken Knüppel, schleuderte ihn nach dem dreibeinigen Hasen und rannte davon. Doch der Knüppel machte noch im Fluge eine Kehre und traf die Magd am Hinterkopf.

Als sie weinend ihre Geschichte weitererzählte, scholt man sie und verlachte sie schadenfroh.

Die Magd zog ihre Lehren daraus, ließ den dreibeinigen Hasen fortan in Frieden und blieb deshalb immer unbehelligt, wenn sie auf ihrem Weg zur Mühle den dreibeinigen Hasen traf.

Siebenbäumen (Lauenburg); Mühle von 1875, 1984 restauriert

Wie die sieben Windmühlen vor Stettin ihre Namen bekamen

Als die sieben Mühlen vor Stettin Namen bekommen sollten, zog der Rat der Stadt geschlossen vor das Tor und besichtigte alle Mühlen.

Die Inspektion ergab, daß die erste der Mühlen vortrefflich lief und gut für das Braumalz des Ratsherrenbieres geeignet war. Darum erhielt die erste Mühle den Namen „Malzmühle".

Die zweite Mühle kam nicht so recht voran; sie taugte gerade noch zur Futtermühle für Körner fürs Federvieh. Daum taufte der Rat sie „Kükenmühle".

Als der Rat zur dritten Mühle schritt, erscholl der Ruf des Kuckucks. Man entschloß sich kurzerhand, die Mühle „Kukkucksmühle" zu nennen.

Aus der vierten Windmühle schaute des Müllers Weib griesgrämig, streitsüchtig und sehr unfreundlich heraus. Der

Schwerin (Mecklenburg); Abb. von 1939

Fliegenberg (Niedersachsen);
Windturbine, Abb. von 1985

Rat machte einen leichten Bogen um diese Mühle und nannte sie „Sursackmühle", nach dem Sursack, einem Spielverderber.

Aber in der fünften Mühle wurde der Rat dann gastfreundlich bewirtet und beschenkt, deswegen bekam die Mühle den schönen Namen „Motgebermühle".

Die sechste Mühle stand günstig im Wind und klapperte lustig vor sich hin. Sie bekam den Namen „Klappermühle".

Inzwischen war der Rat der Stadt Stettin schon mächtig ermattet und ermüdet. So verzichtete er auf die Erklimmung des letzten Hügel und nannte sie siebte Mühle schlicht „Obermühle".

Sage hin – Sage her: Die Namen haben sich bis auf die heutigen Tage erhalten.

Teufelsmühlen

Honigfleth (Holstein); besegelte Bockwindmühle 1970

Die Teufelsmühle von Ramstein

Auf dem Gipfel des Rammberges im Haberfeld liegen teils zerstreute, teils in einem Kreis angeordnete Granitblöcke, welche man Teufelsmühle nennt.

Ein Müller hatte sich einst am Abhange eine Windmühle errichtet, der es aber immer wieder am richtigen Wind mangelte. Daher wünschte er sich eine Mühle auf dem Gipfel, die der ständige Wind ewig in Gang halten würde.

Doch keines Menschen Hand war damals in der Lage, so ein Werk zu vollbringen.

Da wandte sich der Müller an den Teufel und bot ihm seine Seele und dreißig Jahre seines Lebens gegen eine tadellose Mühle, von sechs Gängen hoch oben auf dem Gipfel des Rammberges. Sie müßte aber bis folgende Nacht vor Hahnenschrei fix und fertig gebaut sein.

Mit Freuden machte sich der Teufel ans Werk. Doch dem Müller wurde bei der geschwinden Arbeit bange, und er fürchtete nun um seine Seele. Flugs ließ er einen schon fertigen Mühlstein zu Tal rollen. Der Teufel setzte hinterher, doch der Stein war wegen seiner Größe so schnell, daß der Böse kaum folgen konnte, sondern ganz bergab mußte, um ihn zu fassen.

Krojanke (Pommern); Mühle Schmeckel 1903

*Winsen an der Luhe;
Mühle am 11.6.1940
abgebrannt*

Nun mühte er sich, den Mühlstein wieder bergan zu wälzen. Noch hatte er ihn nicht ganz oben, da begann der Hahn zu krähen und machte damit den Vertrag zunichte.

Wütend riß der Teufel Flügel, Räder und Wellen aus der Mühle und zerstreute das ganze Gebäude weit umher, um dem Müller einen Wiederaufbau gänzlich zu vereiteln; dann schleuderte er auch die Felsen vom Grundwerk der Mühle umher, die bis heute den Rammberg bedecken. Nur ein kleiner Teil Steine blieb als Kreis zum Andenken an die Teufelsmühle am ursprünglichen Ort liegen.

Auch unten am Berge soll noch ein großer Mühlstein liegen geblieben sein.

Eine andere Teufelsmühle

Im einstigen Herzogtum Wolfenbüttel, zwischen Pestorf und Grave an der Weser, liegt eine Mühle, die der Teufel, der Volkssage nach, gebaut haben soll.

Sie wurde durch ein Felsenwasser angetrieben.

Hamburg-Wellingsbüttel; Mühle 1776–1918 an der Alster

Die Feuersbrunst von Meyn

Die Müller standen von je her im Verdacht, einen Pakt mit dem Teufel geschlossen zu haben. Anders konnten sich die einfachen Bauern den Reichtum der meist zugereisten Pachtmüller nicht erklären.

Darauf beruhen viele Müllermärchen, Sagen und Sprichwörter. Zum anderen mußte sich der Müller immer wieder gegen Verdächtigungen verteidigen oder seine Rechtschaffenheit unter Beweis stellen.

Als vor vielen Jahren der Westteil des Dorfes Meyn im Kreis Flensburg abbrannte, blieb allein der Müller Hinrichsen ruhig, setzte sich vor seine Mühle und soll gesagt haben:

„Wenn ich mehr Unrecht getan haben sollte, als in diesen Scheffel hineinpaßt, so darf meine Mühle mitabbrennen."

Doch seine Mühle blieb als einziges Gebäude von dem Feuer verschont.

Die Teufelsmühle zu Polle

Die Steinmühle bei Polle heißt auch Teufelsmühle, weil sie der Teufel mit gebaut hat. Und das kam so.

Vorzeiten lebten hier zwei Riesen, ein Bäcker und ein Müller. Der Müller hatte seine Mühle im Hünengrunde bei Polle, der Bäcker seine Backstube beim Ottenstein und hieß deshalb auch Otto vom Stein.

Die beiden Riesen halfen sich immer gerne aus, der eine mahlte das Mehl, der andere buk ihm die Brote. Groß Bescheid zu sagen brauchten sich beide nicht. Das Poltern der Mühle hörte man meilenweit, und rührte der Bäcker den Teig, klang es wie Erdbeben mit Donnergrollen.

Einst wartete der Müller vergeblich auf das Zeichen des Bäckers und nahm die Molle mit dem Teig, um nachzuschauen, warum der Bäcker noch schliefe.

Doch der Müller fand den Backofen kalt und den Bäcker nicht zu Hause vor. Verärgert stapfte der Müller wieder heimwärts. Unterwegs begegnete er dem Faulenzer, wie er sich gemütlich in der Weser beim Teufelsloch aalte und sich die Sonne auf den Bauch schienen ließ. Das verdrießte den Müller so, daß er die Freundschaft und seine Mahldienste aufkündigte. Nun war für den Bäcker guter Rat teuer.

In seiner Verzweiflung verschrieb er sich dem Teufel, damit er ihm eine Mühle für das Mehl baue.

Der Teufel nahm flugs einen langen Rührlöffel und stach mit solcher Wucht in den Teich, daß eine tiefe Felsspalte entstand und das Wasser mit kräftigem Strahl erst an der Weser wieder hervordrang. Dieser Strom war geeignet, dort eine neue Mühle für den Bäcker anzulegen, und Ottos Sorge hatte damit ein Ende.

So ist Otto vom Steins Mühle enstanden, die man auch Steinmühle oder Teufelsmühle nennt.

Borstel an der Norderbeste; Wassermühle, Abb. von 1980

Die Mühle
auf dem Saalberg

Weit ins Land blickt der Stumpf einer alten Windmühle auf dem Saalberg bei Sonneborn.

Wenn die sieben wilden Nächte kommen und der Teufel vom Drachenfels zum Blocksberg reitet, dann macht er hier auf dem Saalberg Zwischenstation, tobt auf seinem Rabenrappen zusammen mit seiner Brut mit Besen und Gabeln über die schwarze Kuppe und hält dort ein paar Tage Hof.

Einst hieß es, daß niemand lebend vom Saalberg zurück komme. Keiner wagte sich daher zum Gipfel – nur einen mutigen Müllergesellen reizte der ständige Wind dort oben zum Bau einer Windmühle.

Man warnte ihn vor dem Leibhaftigen, doch nichts schreckte den Burschen: „Mich kann keiner ins Bockshorn jagen. Mag Satan mit seiner Sippschaft aufziehen. Mit meinem reinen Gewissen komme ich jedem faulen Zauber bei!" Sprachs und begann mit dem Bau seiner Mühle auf dem Saalberg. Um den Höllenspuk zu bannen, vergaß er nicht, auf dem Berge ein Kreuz zu errichten.

Im Herbst war die Mühle vollendet, und in einer schützenden Kuhle entstand auch ein gediegenes Wohnhaus, in dessen Türschwelle der Müller zur Abwehr der Bösen heilige Zeichen ritzte. Ein gelungener Bau war es geworden: Dem fleißigen Müller schenkte man Vertrauen und brachte reichlich Korn, das mit zuverlässigem, stetem Wind gemahlen wurde.

Auch weiterhin entlud der Teufel jedesmal zur Zeit der wilden Nächte seine gesammelte Wut über den Saalberg, doch landen konnte er hier nicht, denn das Kreuz verwehrte dem Bösen den Zutritt. Das wurde ihm irgendwann doch zu bunt: Er mußte seinen Hochsitz zurückgewinnen.

Als reicher Kaufmann verkleidet, schlich sich der Böse dem

Meister in den Weg und täuschte einen Beinbruch vor. Der Müllermeister erbarmte sich schon allein in Anbetracht des zu erwartenden Lohns in Form blanker Dukaten. Gerade wollte er sich den Teufel aufhucken, da bemerkte er dessen Pferdefuß. Der Müller schlug schnell ein Kreuz, und der Böse fuhr in seiner Wolke von Schwefelgestank zum Blocksberg zurück.

Leider verfiel der Müller mit den Jahren Trunk und Spiel in Sonneborner Schenken. Als er wieder einmal sternhagelblau heimwärts torkelte, ergriff der Teufel die Chance. Mit Pferd und Wagen täuschte er einen Fuhrmann vor: „Meister, man rühmt euren guten Wind auf dem Saalberg, zeigt mir den Weg, ich möchte dort abmahlen." Dem Müller war's recht, und gemeinsam fuhren sie zur Mühle. Als die wilden Rosse schnaubend neben der Mühle standen und sich kein Pfahl zum Anbinden fand, schlang der Müller kurzerhand die Leine um das Kreuz. Das behagte den Tieren gar nicht, und mit wilden Sprüngen rissen sie das Kreuz zu Tal: Damit war der erste Bann gebrochen.

Als dazu der Müller in seinem Brausebrand die Kornsäcke in die Mühle schleppte, ohne zu bemerken, daß obendrauf der Teufel saß, half er dem Bösen endgültig über die magische Schwelle und den Abwehrzauber zu überwinden.

Jetzt waren die Mühle und der Müller schutzlos dem Satan ausgeliefert.

Mit einem Höllenzauber setzte der Satan alle Gebäude in Brand. Hexen und Zauberer stürzten herbei; in wildem Tanz ritten sie auf den sich drehenden und lichterloh brennenden Windmühlenflügeln, bis alles in sich zusammenstürzte.

Ein schwarzer Mühlenstumpf erinnert an dieses Inferno und ist Orientierungspunkt geblieben für die Teufelsbrut, die nun wieder ungehindert auf dem Saalberg ihr Unwesen treiben kann.

Hamburg-Bergedorf; Lohwindmühle 1830 gebaut

Hunderttausend Zentner Mehl

In vergangener Zeit besaß auch die Stadt Hamburg viele Windmühlen und Wassermühlen. Auf einer von ihnen, einer etwas abgelegenen Mühle, standen oft die Flügel still, und der Müller Hansen wartete vergebens auf Kundschaft.

Baarßen bei Bad Pyrmont; Turbinenmühle 1885 gebaut

Das blieb dem Teufel nicht verborgen. Er schmeichelte sich bei passender Gelegenheit beim Müller ein: „Ich habe eine Idee und könnte auch dir zu Wohlstand verhelfen. Was hieltest du davon, wenn ich alle Mahlgäste mit zehn Pfund mehr per Zentner nach Hause gehen ließe und dir noch die gleiche Menge zukommen lassen würde? Das spräche sich herum und alle kämen zu dir. Du wärst ein gemachter Mann. Überlege es dir."

Der Müller kratzte sich lange an seinem Ohr. Das Angebot war doch zu verlockend.

Der Teufel wollte eigentlich nur die Seele des Müllers und mußte ihm die Sache sehr schmackhaft machen. Darum bohrte er weiter: „Also Müller, ich übernehme deine Sorgen, und du übereignest mir deine Seele, wenn alles in allem hunderttausend Zentner Korn vermahlen sind. Und das hat bestimmt noch einige Jahre Zeit."

Der Müller auf seiner unrentablen Mühle war's zufrieden.

Die Großzügigkeit des Müllers sprach sich bald herum.

Viele Bauern und Bäcker scheuten den weitesten Weg nicht, um hier die Zugabe von zehn Pfund Mehl in Anspruch zu nehmen. Nicht Jahre vergingen, nein, nur Monate hat es gedauert, bis der Müller einer der reichsten Leute wurde. Aber auch die hunderttausend Zentner waren schnell vermahlen.

Der Teufel freute sich schon und schaute mehrmals täglich zur Mühle, wann denn sein Stündlein geschlagen hätte.

Jetzt allerdings wurde dem Müller die Geschichte zu brenzlig; in der Hölle wollte er eigentlich nicht landen. Darum besprach er diesen Satanspakt mit dem Pastor und fragte ihn, ob er nicht an der ganzen Geschichte noch drehen könnte.

„Mein Sohn", sprach der Pastor zum Müller, „eigentlich hast du dich mit einer große Sünde beladen. Aber wenn du dich zusammen mit deiner Mühle in die Hände der Kirche zurückbegibst, wird sich die Sache zum Guten wenden."

Der Müller tat's, wie ihm geraten: Er überschrieb die Mühle für einen Reichstaler der Kirche, und er selbst rettete seine Seele vor dem Satan, weil die hundertausend Zentner vom Müller nie zu Ende gemahlen wurden, sondern von der Kirche. Mit dieser wollte sich der Teufel denn doch nicht einlassen und zog unverrichteter Dinge zur nächsten Mühle.

Der betrogene Teufel

Der Müller von Lorscheid war in großer Not: Ein Unglück kommt selten allein; und so verlor er durch Flammen seine Wintervorräte, durch eine Seuche sein Vieh und durch die Schneeschmelze seinen Mühlendamm.

Nun war guter Rat teuer.

Diese Gelegenheit faßte der Teufel beim Schopfe:

„Müller", sprach der Teufel in Gestalt eines feinen Herren, „ich schenke euch hundert Golddukaten."

„Ich will nichts geschenkt", winkte der Müller ab.

„Nun gut", erwiderte der Teufel, „dann erweist mir eine

kleine Gegenleistung: Überlaßt mir nur das, was eure Frau am nächsten Morgen wickelt."

Da ging dem Müller ein Licht auf. Ihn deuchte, daß der noble Mann auf eine gute Seele aus und also der Teufel wäre. „Nun denn, der Handel gilt", sagte der Müller, und ihn juckte sehr der Pelz, einmal den Teufel übers Ohr zu hauen.

„Morgen früh bin ich zur Stelle und nehme alles, was deine Frau gebunden hat. Falls ihr eurer Frau davon erzählt, werde ich euch abholen!" Sprachs, kicherte und verschwand.

Der Müller hatte das Geld schon in der Tasche.

Schweigend legte er sich zu Bett, schlich aber, als alle anderen schliefen in die Küche, zog alle Senkel aus den Schuhen, versteckte die Strumpfbänder seiner Frau, nahm dem Baby die Wickelschnüre fort und legte ein Bündel Dornen auf den Stapel Feuerholz. In aller Frühe weckte er seine Frau und trieb sie zur Eile, weil er angeblich ins Dorf müsse.

Die Frau sprang sofort aus dem Bett, lief in die Küche, stieg eilig in die Strümpfe, konnte sie aber nicht schnüren, ebensowenig wie ihre Schuhe. Auch das Kind konnte sie nicht wickeln und ließ es vorerst. Als sie ihrem Manne das Frühstück schmierte, meinte sie nur: „Ich glaube, heute ist der Teufel los."

Da kam der Teufel auch schon in die Küche gefahren.

„Geschwind, geschwind", befahl der Müller seiner Frau, „mach sofort den Ofen an!"

Die Frau zitterte am ganzen Leib, doch als sie den Dornenbusch auf dem Ofenholz liegen sah, rief sie laut: „Ach, Herr Jesus!" Dem Teufel war das alles gar nicht so nach seiner Mütze. Doch die Frau tat das Richtige: Sie nahm einen Bindfaden und schnürte das Dornenbüschel, um an das Brennholz zu gelangen.

Dem Teufel blieb nichts anderes als das geschnürte Bündel zu nehmen und wutschnaubend durch den Kamin zum Schornstein hinauszufahren. „Vielen Dank für alles!" lachte der Müller. Er hatte die hundert Dukaten, seine Familie hatte keinen Schaden erlitten, und außerdem hatte der Teufel ihm den Kamin völlig umsonst gefegt.

Buschkamp

Schiefelbein (Pommern); Walkmühle, Abb. von 1910

Der Teufel als Kartenspieler

In Dammen, Kreis Stolp, klopfte jede Nacht ein gottloser Müller mit seinen Gesellen die Karten.

Als einmal der dritte Mann zum Skat fehlte, rief der Müller: „Wenn wir nur den dritten Mann bekämen, und wenn es der Teufel persönlich wäre!"

Da klopfte schon ein Fremder an die Mühle und erbot sich mitzuspielen.

Als dem Müller einmal ein As unter den Tisch fiel und sich unter den Tisch bückte, bemerkte er, daß der Fremde einen Pferdefuß hatte und fing sofort an zu singen:

„Höllengeister packet euch!" Da stob der Teufel zum Fenster hinaus und ließ sich nicht wieder blicken.

Ob der Müller etwas gottgefälliger wurde, berichtet die Sage nicht.

Der Teufelspakt

Die Reschmühle steht am Reschwasser, am Wege von Freyung nach der „Bierhütten". Im Untergeschoß sieht man bis heute den Stein mit des Teufels Fußspur, schlicht „Teufelsstein" genannt.

Der alte Müller auf der Reschmühle war wie so mancher Müller mit dem Teufel im Bunde. Mit des höllischen Genossen Hilfe hoffte er auf Reichtum ohne Mühen. So schafften seine Fuhrwerke Lasten steilste Berge hinauf, ohne zu verschnaufen. Andere Fuhrleute nahmen drum den Teufelsmüller gern in Anspruch.

Eines Tages kam ein neugieriger Knecht auf die Mühle, der das Zauberbuch des Müllers suchte, um sich auch ein paar mühelose Tage zu gestalten. Es fand das Buch und wünschte sich die Stube voller Raben. So geschah es, aber bald mußte er feststellen, daß die Raben böswillig auf ihn eindrangen.

Als er in höchster Not war, kam der Müller wieder nach Hause, entriß dem Müllerbuben das Zauberbuch – und sofort verschwanden die schwarzen Vögel.

Diese Geschichte kam der hohen Geistlichkeit und ebenfalls dem Teufel zu Ohren. Beide eilten zur Reschmühle, um ihre Pfründe zu retten. Doch gerade als der Teufel seinen Fuß an die Mühle setzte, um sie in die Resch zu kippen, lähmte ihn die heilige Kommunion des Priesters. Außer einem tiefen Fußabdruck hat die Mühle keinen Schaden erlitten.

Aber niemandem ist es bisher gelungen, des Teufel Fußabdruck zu vermauern: Kein Kalk, kein Mörtel haftet auf dem bösen Stein. Darum wird er uns ewig mahnend vor Augen stehen.

Die Teufelsmühle von Neubrandenburg

Vor vielen hundert Jahren standen bei Neubrandenburg zwei Wassermühlen. Eine von ihnen hieß Teufelsmühle: Von ihr wurde gesagt, daß hier der Leibhaftige selber wohne.

Die beiden Müller hatten nämlich einen Vertrag geschlossen, nach dem der eine dem Teufelsmüller jeden Monat eine gute Seele liefern müsse. Er schickte darum auch immer einen Müllerburschen hinüber, welcher darauf auf rätselhafte Weise verschwand und nie wieder gesehen wurde. Das brachte die Mühlen in einen üblen Ruf, und niemand wollte hier mehr arbeiten.

Bis eines Tages aus dem Schwabenlande ein lustiger Geselle, alle Warnungen in den Wind schlagend, auf der Mühle dienen wollte. Hocherfreut stellte ihn der Müller ein und trug ihm auf, am nächsten Tag ein Fuhre Späne zur Teufelsmühle zu fahren.

Der Müllergeselle war unverzagt und vorgewarnt und fuhr die Späne zur Teufelsmühle, wo ihn ein seltsamer Mann in einem weiten Mantel empfing. Jener forderte nun den Burschen auf, die Späne in eine Grube hinter dem Hause zu schaufeln. Doch der beherzte Müllerbursche weigerte sich mit dem Hinweis, solcherlei Arbeit sei ihm nicht aufgetragen worden.

Äußerst verärgert mußte nun der feine Herr die Späne selber abladen und in die tiefe Kuhle schaufeln. Da sprang der Bursche vom Kutschbock und stieß den Teufelsmüller über den Rand in die Grube. Mit einem gewaltigen Donner und Schwefelgestank verschwand der Müller in dem tiefen Loch, und hinter ihm brach die Teufelsmühle mit Getöse in sich zusammen und mit ihr alle Nebengebäude.

Damit war das Mörderkomplott der beiden Müller beendet. Der Müllerbursche aber fuhr pfeifend nach Unbekannt davon.

Röbel (Mecklenburg); Mühle 1850 gebaut

Der Alf im Höllengrund

Der Belgarder Mühlbach schlängelt sich zwischen der Obermühle und der Dorfmühle durch eine Schlucht, die man Pranz nennt. Die Südseite der Schlucht wird von tiefen Nebenschluchten, den Gründen, zerfurcht. Und eine dieser Schluchten im Mühlbachtal führt den Namen „Höllengrund".

Seine Abhänge sind steil, dazu glitschig und morastig. Dies war der ideale Tummelplatz für den „Alf", den Teufel.

Die alten Leute aus Belgard wollen bis auf den heutigen Tag hin und wieder den Alf bemerken, wenn er, von Gans herüberkommend, mit seinem feurigen Schwanze in den Höllengrund hinabstößt.

Freundliche und hartherzige Müller

Eutin; Abb. von 1920

Der Müller als Bettler

Es kam einmal ein Bettler zum Bäcker, auf daß er ihm ein Almosen gewähre, weil er der gleichen Zunft angehöre.

Fragte der Bäcker, was er denn für ein Handwerk getrieben hätte. Da entwortete der Bettler, er wär ein Müller gewesen. Der Bäcker fragte: „Und wieviel Bauern sind zu deiner Mühle gefahren?"

„Sieben", antwortete der Bettler.

„Sieben?" sagte der Bäcker. „O Gott, eher müßten die sieben Bauern betteln gehen als ein Müller!" Und ging von dannen.

Die Wodensmühle I

Vor wohl tausend Jahren und einem Tage kam den Rhein herauf aus dem Frankenlande ein fremder Mann, der mancherlei unbekannte Werkzeuge und Fähigkeiten besaß. So erzählte er auch von einer neuen Art, das Korn zu mahlen.

„Nicht mehr eine Schinderarbeit für eure Frauen, das Korn in Handmühlen zu zerquetschen und zermalmen – nein, ihr könnt das Getreide nun zwischen zwei großen runden Steinen schneller zermahlen, als es starke Männerarme je vermochten. Einzig und allein durch die Kraft der stürzenden Bäche und des fallenden Wassers."

Man suchte gemeinsam einen guten Ort an einem starken Bachgefälle und errichtete dort eine erste Wassermühle, die zu Ehren des höchsten germanischen Gottes „Wotans-" oder auch „Wodensmühle" genannt wurde.

Nach Zeiten baute sich der Müller eine zweite Wassermühle unten im Dorfe und gab die obere Mühle billig an seinen Knecht ab. Nun scheuten die Leute den längeren und beschwerlicheren Weg zur Obermühle. Die Kunden blieben

Bad Soden-Allendorf; Wassermühle, Abb. von 1900

daher aus, und der Wodensmüller quälte sich sein Butterbrot mit Aushilfen und Verlegenheitsdiensten zusammen. Doch er nahm sein Schicksal von der heiteren Seite: ohne Haß und Neid und Gram.

Bei einem unwirtlichen Wetter erschien einmal ein alter grauer Greis, den Schlapphut tief ins Gesicht gezogen, um etwas Wegzehrung zu erbitten.

Ohne Umschweife rief ihm der Müller fröhlich zu: „Nur herein zu einem heißen Süppchen bei diesem kalten Wetter, ein besseres ‚Wohl bekomm's' kann ich gar nicht wünschen!"

Als der Alte fertig war, stellte er die Schüssel auf den Ofen und bedankte sich mit den Worten: „Ich wünsch' euch Gottes Lohn und alles, was ihr euch selber wünscht." Ging und verschwand in der dunklen Nacht.

„Ein frommer Wunsch ist keine Sünde", sagte sich der Müller, kratzte sich hinter beiden Ohren und dachte lange darüber nach, welcher Gewinn doch ein alter Esel für ihn wäre. Er könnte damit seine Kundschaft schneller beliefern.

Mittlerweile fand seine Frau den Löffel des Gastes in pures Gold verwandelt. „Das ist ein Schatz! Der Alte war kein

Bettelstrick, er war Wode, der Wanderer. Der Löffel ist sein Gotteslohn und Dank."

Andern Tags ging der Müller zum Goldschmied, um den goldenen Löffel für hundert blanke Taler zu verkaufen.

Auf seinem Heimweg begegnete ihm ein Bauer auf einem mageren Klepper von Esel. Der Bauer weinte und stöhnte und

Hamburg-Ochsenwerder; Kornwindmühle, 1924 abgebrochen

schimpfte: Keiner könne ihm mehr helfen, er wäre seinem Gläubiger nun völlig ausgeliefert, wenn er nicht hundert Taler beibrächte. Alle Freunde habe er darum angehalten, doch wer's hatte, gab ihm nichts, und wer geben wollte, hatte nichts.

Hiermit traf er den braven Müller am wundesten Punkt seiner guten Seele.

„Du sollst nicht Trauer blasen wie der Pudel die Flöte", riet er dem Bauern. „Gib mir den alten Esel und nimm meine hundert Taler, damit dein Elend ein Ende findet. Und versprich mir, nie wieder zu weinen."

Beide wurden handelseinig und waren zufrieden, auch wenn die Müllerin ein Mordsgeschrei wegen der hundert Taler machte.

Mit dem Esel aber hatte der Müller einen guten Kameraden erhalten: Gottgesegnet und in Hunger groß geworden, hatte er sich das Fressen längst abgewöhnt und verstand es, allein von frischer Luft zu leben. Für den Müller trug er geduldig doppelte und dreifache Last, so daß der bald immer bessere Geschäfte machte. Auch die Bauern gaben dem Wodensmüller gern ihr Korn zum Mahlen, weil er es immer freundlich und fröhlich, dabei noch pünktlich und sauber gemessen zurückbrachte – viel ehrlicher als der fette Griesgram in der Untermühle.

So verhalf Wode der Wodensmühle zu Glück und Sonnenschein bis in unsere Tage.

Die Wodensmühle II

In einem Dorfe gab es eine gut florierende Wassermühle mit einem satten, wohlgefälligen Müller, der immer faul in seiner Tür lehnte.

Da kam mit flatterndem Mantel, einen alten Hut ins Gesicht gezogen, ein hinfälliger Greis auf den Hof und bat den dicken Müller um ein Almosen. Es war Wotan, auch „Wode, der Wanderer" genannt, der aller Kunst und Weisheit fähig war.

„Gebt dem Strolch ein Stückchen Brot", rief der Müller der Magd in der Küche zu. Der Alte nahm die Gabe und dankte dem Müller: „Ich wünsche euch Gottes Lohn und alles, was ihr euch selber wünscht!"

„Packt euch nun!" fuhr ihn der Müller grimmig an, „Wenn ich gescheiter Kerl mir alles nur so wünschen könnte, ginge es mir wesentlich besser!"

„Wie der Wunsch, so der Lohn. Wie der Geber, so die Gabe", sagte der Alte noch und verschwand in Wind und Wetter. Den Müller kümmerte es wenig; er ging in die Stube und zog die Stiefel aus. Doch der eine klebte wie Pech und Schwefel. Der Müller zog und fluchte: „Geh doch zum Teufel!" Da flog der Stiefel zum Fenster hinaus und ward nicht mehr gesehen.

So kam es, daß er mit seinen neuen Schuhen aufs Feld mußte, um bei Regen und Sturm die Stoppelrüben einzufahren. Lehmverschmiert und durchnäßt bis auf die Knochen, wünschte er sich sehnlichst, zu Hause in seinem Bette zu sein. Und schwupp die wupp flog er, so dreckig wie er war, durch die Luft in sein weißes Bett, so daß die alte Müllerin ein gewaltiges Donnerwetter veranstaltete.

Da begriff der Müller endlich den Spuk und erkannte, weshalb ihm alle Wünsche erfüllt wurden.

Um die Sache auf die Probe zu stellen, wünschte er nun noch auch seine Pferde in den Stall. Und siehe da, der Knecht kam herein und vermeldete: „Müller, die Gäule steh'n schon im Stall, aber der Wagen mit den Rüben ist noch draußen auf dem Feld. Was soll ich tun?" Der Müller mußte sich also auch noch die Rüben herbeiwünschen. Und es kam, wie es kommen mußte: Die Rüben flogen herbei und erschlugen ihm alle Hühner auf dem Hofe. Auch seine Frau, die beim Füttern war, traf eine Rübe von viereinhalb Pfund am Kopf. Das gefiel dem Müller so gut, daß er sich einen großen Sack voll Geld herbeiwünschte, dann in die Vollen griff und damit im Wirtshause überall herumprahlte.

Zwei Spitzbuben hörten von der Geschichte, lauerten dem

Röm (dänische Insel); Mühle an der Nordsee 1920

Müller auf und zwangen ihn, den Sack mit den Talern herauszurücken. Zum Dank verprügelten sie den Müller grün und blau und krumm und lahm und verschwanden.

Da wurde der Müller gescheit: „Was hilft mir Wodens Wundergabe", seufzte er, „wenn ich nichts davon habe, als Schaden und Spott. Ach, wäre ich doch diese tückische Gabe wieder los, and alles wäre so, wie es gewesen ist."

Kaum hatte er dies gewünscht, ging auch diese letzte Bitte in Erfüllung:

Er stand plötzlich draußen auf dem Rübenacker im Regen, aber heil und gesund, Pferd und Wagen neben ihm. Selbst abends daheim standen beide Stiefel wieder komplett beisammen. Nur der eine Stiefel roch noch angesengt, als wäre er beim Teufel gewesen. Da dankte der Müller Gott und fand, daß unsere althergebrachte Weltordnung eigentlich recht erträglich wäre.

Kröpelin (Mecklenburg); die Mühle ist heute eine Jugendherberge

Die Räuber vom Saterlande

Im Saterlande wohnte ein hilfreicher Müller, der vielen die Not genommen, dem aber noch niemand gedankt hatte. An einem Winterabend klopfte es sehr spät an seine Fensterläden. Nichts Gutes ahnend, weckte der Müller auch seine Familie. Und draußen vor der Tür begann es zu toben und zu schimpfen.

„Mach auf, Weißrock, wir haben ein Anliegen."

Da bequemte sich der Müller und öffnete, doch herein in die gute Stube stürzten sieben starke Raubgesellen und verlangten sofort nach Speisen und Getränken.

Gerne gab der Müller und trug auf, daß sich der Tisch nur so bog. Doch als das Schmausen allzu arg getrieben wurde, faltete der Müller die Hände zum Gebet, woraufhin die Räuber ihn anfauchten:

„Laß das, du Mehlsack, dein Beten versauert uns das Mahl!"

Doch das Gebet bannte die Räuber, und als der Müller sie nun aufforderte, tüchtig zuzulangen, blieben sie ungerührt und gebannt auf ihren Sitzen.

„Nun hab ich euch, Gesindel; wenn ich euch so bis zum Morgen im Banne lass', wird die Frühsonne euch zu Kohle verwandeln!" Das machte die Räuber doch sehr nachdenklich, so daß der gute Müller wieder Mitleid empfand und sie freiließ, freilich nicht ohne eine Ermahnung:

„Wehe euch, wenn ihr noch einmal das Saterland unsicher macht, dann ist es endgültig um euch geschehen."

Von da ab konnten alle Bewohner wieder in Ruhe und in Frieden ihr Brot essen.

Stettin (Pommern); Paltrockmühle, Abb. von 1910

Tessin (Mecklenburg); Abb. von 1921

Der Müller und die Frösche

Es war einmal ein Müller, der konnte stehlen wie ein Rabe und war herzlos wie ein Stein.

Das schlimmste war, daß er Kalk und andere unverdauliche Sachen unter das Mehl mischte und arme Leute mit Hunden von seinem Hof hetzten ließ.

Einst kam ein lahmer Mann auf seinen Krücken zur Mühle gehinkt, streckte die zitternde Hand aus und bat mit brüchiger Stimme um einen Bissen. Der Müller riß dem Unglücklichen fluchend die Krücken unter dem Leibe fort, warf ihn in eine Kiste grober Kleie und wälzte ihn immerfort, bis dem die Spucke wegblieb. Als er ihn bis aufs Blut gepeinigt hatte, gab er ihm die Krücken wieder und trieb ihn mit der Peitsche vom Hofe.

Der Bettler weinte helle Tränen, und die sah der Herr im Himmel. Zur Mühle zurückgekehrt, stellte der Müller mit Schrecken fest, daß sie stille stand. Nichts bewegte sich mehr, weil zahllose Frösche geschwommen gekommen waren und ihm den Mühlteich leergetrunken hatten.

Da raffte der Müller eiligst sein Hab und Gut und suchte

sich eine neue Mühle. Doch auch hier kamen die Frösche und tranken den Mühlteich leer, so daß der Müller nichts mahlen konnte. Wohin er nun auch zog, überallhin folgten die Frösche, nirgends konnte er sein Mehl mahlen, bis er letztendlich jämmerlich verhungert ist.

Die Aussteuer

Von einem Müller wurde gesagt, er sei geizig. Vieleicht war er es auch, auf jeden Fall gab er nur denen, die es auch verdient hatten.

Bei ihm diente einst eine junge Köchin. Als sie fünf Jahre treu ihre Hausarbeiten gemacht hatte, lernte sie einen Burschen kennen und wollte auch gleich heiraten.

Der junge Mann hatte gute Pläne, doch fehlten ihm zu seinem Glück noch sechshundert Mark. Der Müller lieh den beiden jungen Leuten gern das Geld für den Start in die Ehe.

Zu Hause merkten die beiden aber, daß dem Müller ein Fehler unterlaufen war: Er hatte ihnen versehentlich siebenhundert gegeben. Eilig brachten sie das zuviel geliehene Geld zurück.

Doch der Müller hatte schon auf sie gewartet, nahm die hundert Mark an sich und meinte:

„Eure Ehrlichkeit wird belohnt! Das nächste Kalb meiner Schwarzbunten gehört selbstverständlich euch. Das wird dann mein Beitrag zur Aussteuer."

Der Müller von der Brakermühle

Gut eine halbe Stunde vor der Stadt Eutin lag einst die Brakermühle. Vor langer Zeit lebte hier ein Müller, der für Kartenspiel und Saufgelage seinen Betrieb Betrieb sein ließ. Um trotzdem zurechtzukommen, mußte er alle Leute nach Strich und Faden betrügen. Das konnte er aber nur mit den

Tellingstedt (Schleswig); Wassermühle, Abb. von 1900

Ärmsten der Armen machen und nur, weil die Großbauern zu ihm hielten. Manche verzeifelte Witwe prellte er und nahm die doppelte Matte als Mahllohn.

Beschwerte sich einer, schnauzte die Obrigkeit den Kläger an und bezichtigte ihn als Querulanten.

Der Müller jedoch soff sich an seinem Stammtisch zu Tode. Für die Beerdigung hatte man vier Leichenträger angeheuert, doch ihnen erschien eine schwarze Katze mit glühenden Augen, welche oben auf des Müllers Sarg saß und sie anfauchte. Ihn auf den Leichenwagen zu heben, gelang nicht. Auch als acht weitere Arme zugriffen, geschah nichts: Wie festgewurzelt stand der Sarg.

Mit sechszehn Mann gelang es zu guter Letzt, den toten Müller auf den Wagen zu bringen.

Die vier schwarzen Pferde des Müllers wurden nun vorgespannt, doch auch sie konnten den Leichenwagen nur mit Müh und Not vorwärts bewegen.

Die Rappen quälten sich mit letzter Kraft zur Kirche, und so viel Schaum flog aus ihren Nüstern, daß sie aussahen wie Schimmel.

Damit nicht genug: Nichts in der Welt konnte nun den Sarg in die Kirche bewegen. So blieb dem Pastor nur, den Toten vor der Kirche abzusegnen.

Nun plötzlich lief alles wie geschmiert. Leicht wie eine

Lenzen an der Elbe; „Talmühle" 1920

Feder rutschte der Sarg in die Kuhle. Nur die schwarze Katze saß noch oben auf und ließ sich nicht verscheuchen.

Den Leuten bleib nichts übrig, als auch sie mit Sand zuzuschütten. Sie soll nicht einmal miaut haben.

Nachts darauf kam der Bauernvogt an der Brakermühle vorbei und hörte es klopfen und klamüstern. Er hielt sein Pferd an, um der Sache auf den Grund zu gehen, betrat die Mühle und rief in die dunkle Stube: „Guten Abend zusammen, was treibt ihr hier noch zu nachtschlafender Zeit?"

Aus der Dunkelheit wurde ihm geantwortet: „Wir waschen aus der Seele des Müllers, dieses Korndiebs, den Staub heraus."

Das wollte der Vogt nicht so recht glauben. Aber da gossen sie ihm und seinem Pferd eine heiße Brühe hinten drauf, daß beiden Hören und Sehen verging. So schnell er konnte, floh der Bauernvogt nach Hause, und auch da hat es noch lange nach Pech und Schwefel gestunken. Danach ist es still geworden um die alte Mühle bei Eutin.

Der Krebskönig

Abends ging der Hammermüller von Neubistritz mit der Laterne in der Hand ins Freie, um im Hammermühlbach Krebse zu fangen. Er hatte einen leeren Sack über die Schulter geworfen und zog los, um die vom flackernden Licht angelockten Krebse ruhig mit den Händen zu ergreifen. In kurzer Zeit hatte er genug Krebse eingefangen, doch als er gerade seinen Sack zubinden wollte, erblickte er noch einen feisten Krebs, der am Ufer saß.

Schwupp ergriff der Müller auch diesen, aber der Krebs sprach zu ihm: „Hast du nicht genug, daß du auch mich noch fangen mußtest? Laß mich frei, und ich will dich belohnen! Tust du es nicht, wird es ein schlimmes Ende mit dir nehmen, denn ich bin der König der Krebse."

Buchholz in der Nordheide; Abb. von 1950

„Ich wäre ein Narr", lachte da der Müller, „du bist doch der fetteste von allen und wiegst mehr als drei von den andern. Du wirst mir besonders gut schmecken." Sprachs und steckte den letzten auch noch in seinen Sack.

Zu Hause angekommen, stellte der Müller sogleich einen Kessel mit Wasser auf den Herd und warf alle Krebse hinein. Die Krebse fühlten sich anfangs noch wohl in dem kalten Wasser. Doch als es im Kessel immer heißer wurde und das Wasser langsam zu sieden anfing, tobten sie immer heftiger im Kessel herum. Plötzlich gab es einen fürchterlichen Krach: Mit einem Donnerschlag zersprang der Topf, und das heiße Wasser verbrühte den Müller jämmerlich. Noch in der selben Nacht starb der Mann an den gräßlichen Verbrühungen.

Die Krebse aber waren spurlos verschwunden.

Grande (Lauenburg); Wassermühle schon im 13. Jahrhundert

Die Ratten am Lansker See

Im Kreise Allenstein stand unweit des Lansker Sees eine einsame Mühle, in der ganz allein mit seiner einzigen Tochter ein Müller wohnte.

An einem ungemütlichen Winterabend pochte es an der Tür, und ein hagerer Mann bat um Nachtmahl und Lager. Doch der Müller verwehrte ihm beides, obwohl seine Tochter dem Besucher gerne geholfen hätte. So mußte sich der Wanderer trollen, sprach aber zum Abschied: „Wer heute reich – ist morgen arm."

In der gleichen Nacht noch begann es zu stürmen und furchtbar zu schneien. Der Müller zurrte alle Luken zu, band die Türen fest und ging noch einmal aus dem Wohnhaus in die Mühle, um nach dem Rechten zu sehen. Da huschten einige fette Ratten über seine Füße, so daß der Müller fluchtartig seine Mühle verlassen mußte.

Am nächsten Morgen trauten er seinen Augen nicht: Alle Mehlsäcke waren aufgebissen und leergefressen, und ein schamloses Wüten vieler, vieler Ratten auf dem Kornboden war im Gange. Der Müller lief ins Dorf, um sich einige Katzen auszubitten, doch kaum waren die Katzen die Mühlenstiegen hochgeklettert, wurden sie von den Ratten zerzaust und gefressen.

Voller Entsetzen stürzte der Müller abermals ins Dorf, um ein paar beherzte Bauernjungen zu finden, die die Mühle von der Rattenplage befreien sollten. Doch alle gaben ihr kühnes Vorhaben schnell wieder auf und ergriffen die Flucht.

Allein mit seiner Tochter verbarrikadierte sich nun der Müller in seiner Stube, war todtraurig und wußte nicht ein noch aus. Da klopfte es wieder an der Tür.

Der hagere Mann erschien abermals, sprach aber kein Wort, sondern ging mit der Müllerstochter zur Mühle hinüber und klopfte mit seinem Stab an die Tür. Da öffnete sich die Mühlentür, und alle Ratten folgten nun leise dem hageren Mann zum Mühlenteich. Dort ging er mit ihnen ins Wasser und ward nie mehr gesehen.

Als der Müller davon erfuhr, betrat er die Mühle, fand aber nicht eine Ratte mehr vor.

Die Mühle war jedoch ruiniert, nichts hatten die Nagetiere heil hinterlassen.

Der Reichtum des Müllers war dahin. Immerhin aber war er am Leben und gesund geblieben, so daß er mit seiner Hände Kraft einen neuen Anfang schaffen konnte.

Mühlenmotiv als Ziegelmuster am Niedersächsischen Bauernhaus

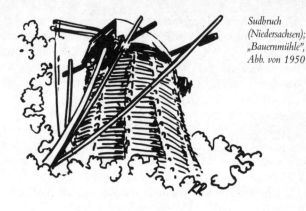

Sudbruch (Niedersachsen); „Bauernmühle", Abb. von 1950

Der Tollwutbutter

An der Goldbek zwischen Moisburg und Heimbrook liegt auf der Stader Seite die Goldbeker Mühle, wo des Müllers Frau in alten Zeiten für die Leute Tollwutbutter zusammenrührte.

Damals besaß man keine Medikamente gegen die Tollwut, und so kam es häufiger vor, daß Menschen, die noch einen nahen Kontakt zu wildlebenden Tieren hatten, elend an der Tollwut sterben mußten.

Eine Sage erzählt, wie diese Müllersleute von der heilenden Wirkung der Tollwutbutter erfuhren. Nicht weit von der Goldbeker Wassermühle lag früher eine zweite Wassermühle. Beiden Müllern ging es sehr gut, weil die Bauern der Gegend verpflichtet waren, nur hier ihr Korn mahlen zu lassen.

Eines Abends nun im Spätherbst, die Müllersleute jener anderen Mühle saßen noch zu Tisch und wollten dann zu Bett, da schlugen die Hunde an. Die Leute ärgerten sich wegen der späten Störung, als ein steinalter Mann wegen einer Übernachtung nachfragte. Unwirsch wiesen sie ihn ab; auch ein Strohlager im Stall verwehrten sie ihm und jagten ihn wieder hinaus in die dunkle Nacht. Wohl oder übel mußte der Alte nun woanders Unterschlupf suchen.

Da kam er am Schweinestal des anderen Müllers vorbei. Hier war noch der junge Müllergeselle bei den Ferkeln zugange. Wohlgesonnen und freundlich schickte er ihn zur Müllerin in die gute Stube. Dort wurde der alte Wanderer trotz der vorgerückten Stunde noch herzlich bewirtet, verköstigt und ihm ein warmes Bettlager angeboten.

Am anderen Morgen, beim ausgiebigen Frühstück, wollte der Alte sich bedanken, doch den guten Müllersleuten war das Wohlbefinden des Alten Dank genug.

„Aber eine Freude darf ich euch noch machen", bestand der alte Wandersmann: „Hinter der Mühle wächst ein Kraut gegen die Tollwut, das gibt es in der ganzen Gegend nicht. Schön mit Butter verrührt, hilft es allen von Tollwut befallenen Menschen und Tieren. Und sollte es eines Tages mit der Müllerei zu Ende gehen, so bleibt euch und euren Nachkommen immer noch ein gutes Auskommen mit der Herstellung von Tollwutbutter." Sprachs und verschwand.

Westfriesland

Labenz (Holstein); Windmühle brannte fünfmal ab

Genau so ist es gekommen. Als die alten Müllerleute die Finger nicht mehr krumm bekamen und die Müllerei aufgeben mußten, reichte der Verkauf von Tollwutbutter immer noch zu einem zufriedenen Lebensabend.

Die andere Mühle mit den ungastlichen Müllern hat der nächste Krieg hinweggefegt. Nicht einmal die Grundmauern hat man mehr gefunden.

Doch das Tollwutskraut*) steht noch heute bei der anderen Goldbeker Mühle.

---

*) gemeint ist hier die Weinraute (ruta graveolens L.), eine ca. 60 cm hohe, gelbblühende Gewürzpflanze, die schon im Mittelalter gegen Erkältungen, Augen- und Ohrenleiden angewendet wurde.

Der steinerne Mehlsack

Am Choraltar der Kirche zu Rettenberg liegt auf einem Sims mahnend ein großer steinerner Mehlsack.

Die Sage berichtet, einst habe ein bitterarmes Weib auf der Mühle vorgesprochen und um ein winziges Säcklein Mehl gebeten. Als sie unwirsch abgewiesen wurde, verfluchte sie die Mühle – und die Mehlsäcke im Innern der Mühle wurden sofort zu Stein.

Einen jener Mehlsäcke bewahrt man in der Kirche auf: als Erinnerung an die längst verschwundene Mühle und als Warnung an alle Geizkragen.

Die Hammermühle von Wolflier

Bei Hemau, nahe dem ehemaligen Weiler Wolflier, stand einst an der Schwarzen Laaber eine Eisen-Hammermühle.

Als nun in einem Winter strenger Frost mit Eis und Schnee hereinbrach, schleppte sich abends ein alter Bettelmann mit letzter Kraft zur Mühle. Die Knechte erbarmten sich, boten dem Alten einen Platz in der Wärme und gaben ihm zu essen, doch der Hammermüller jagte den ungebetenen Gast wieder in die Kälte hinaus, wo der Alte seinen letzten Seufzer tat. Bevor der Bettler seinen Geist aufgab, verfluchte er das Hammerwerk samt Müller.

Als der Frühling einkehrte, blieb das Wasser weg, der Bach lag trocken, und die Mühle stand still. Das Wasser kam niemals wieder, so daß man die Mühle abtragen mußte.

Heute stehen im trockenen Bachbett zwei Bauernhöfe an der Stelle der ehemaligen Hammermühle. Wasser gab es nie wieder in diesem Tal. Aber in heiligen Nächten hört man an diesem alten Ort noch das Pochen der schweren Hämmer der verfluchten Hammermühle von Wolflier.

Schauriges

Grande (Lauenburg); Wassermühle aus dem 13. Jahrhundert

Das bunte Kalb

Ein Müller machte sich auf den Weg von Bornhöved nach Neumünster. Gerade zu dieser Zeit aber zeigte sich ein großes buntes Kalb in dieser Gegend, und alle rieten ihm davon ab: „Paß auf, das Kalb geht wieder um! Bleib lieber hier". Doch der Müller ließ sich nicht schrecken und lachte: „Laß es nur kommen, das kriegt schon meine Peitsche zu spüren!"

Als der Müller an die verrufene Stelle kam, bäumte sich urplötzlich das bunte Riesenkalb vor ihm auf und machte sein Pferd scheu.

Da griff der Müller zur Peitsche, um das Kalb zu züchtigen, doch das setzte mit einem fürchterlichen Sprung über den Müller hinweg hinten auf das Pferd, welches sofort tot zusammenbrach. Auch der Müller hat sich zu Hause gleich hinlegen müssen und ist nie wieder aufgestanden.

Die Martensmühle

Auf dem Weg von Lübeck nach dem Flecken Dassow, gleich hinter dem Kirchdorf Schlutup, lag an einem Bach im Wiesengrunde eine Mühle, welche nach ihrem Erbauer Martens den Namen Martensmühle erhielt.

Auf dieser Mühle lebte einst ein Müller mit seiner Frau nach vielen Jahren des Glücks in tiefer Armut. Ihr Sohn war lange vorher in die Fremde gegangen, um Geld und Gut zu erwerben. Doch weil er überhaupt nichts von sich hören ließ, beschlossen nun die alten Müllersleut, deren Armut kein Ende nahm, die bei ihnen Obdach suchenden Wandergesellen zu ermorden und auszurauben.

Eines Tages kehrte auch der Sohn als wohlhabender Mann mit einem Freunde nach Lübeck zurück. Den Sohn hielt es nicht lange, er wollte noch nachts zur Mühle seiner Eltern.

Avekhoy (Dänemark); Abb. von 1921

Die beiden Alten erkannten ihren Sohn nicht wieder; darum wollte sich der einen Spaß daraus machen und sich erst am nächsten Morgen zu erkennen geben.

Doch nachts mordeten und plünderten die beiden Alten den vermeintlichen Fremden und verscharrten ihn sofort.

Tags darauf kam auch der Freund zur Mühle, um seinen Kumpan zu besuchen. Und als die alten Müllersleut nur ausweichende Antwort gaben, erzählte der Freund , daß des Müllers einziger Sohn der fremde reiche Gast gewesen war.

Von Entsetzen ergriffen gestanden die Müllersleut sofort ihre Tat ein und nahmen ihre Strafe auf sich.

Die Mühle aber wurde geschleift und ist genau so spurlos verschwunden wie das kleine Kreuz auf dem Grabe des ermordeten Müllersohns.

Die Hundemühle

Dort, wo der Taschensee in die Hundebek abfließt, erinnert der Flecken Hundemühle noch an die sagenumwobene Mühle unweit des Seeufers.

Der Müller soll zwei gewaltige Hunde als Zugtiere vor

seinen Wagen gespannt haben, wenn er Schrot und Mehl zu seiner Kundschaft zu fahren hatte.

In der Dämmerung konnte man den „Hundemüller" oft mit seinem Gespann auf dem Wege nach Scharbeutz oder Haffkrug antreffen. Selbst die riesigen Tiere hatten dann große Mühe, den hochbeladenen Karren über die sandigen Höhen bei Stubbenbergen zur Küste zu bringen.

Dort wurde das Mehl heimlich in der Dunkelheit verschifft, obwohl der Herzog von Holstein-Plön jeden Schleichhandel bei Höchststrafe verboten hatte.

Mißgünstige Nachbarn alarmierten eines Tages die Häscher des Herzogs, welche sich auf die Lauer legten, um dem Müller das heimliche Tun auszutreiben. Aus der Deckung des Wäldchens heraus stürzten sie sich auf die Hunde, erstachen sie und warfen sie in den See. Des Hundemüllers Mühle und alle Nebengebäude sind dem Erdboden gleichgemacht worden und bis zum heutigen Tage unauffindbar. Geblieben ist nur der vielhundertjährige Flurname „Hundemühle."

Mölln; Mühle brannte 1985 ab.

Die Mordmühle

Oberhalb von Pötrau lag an der Steinau bei einer kleinen Waldblöße kurz vor Nüssau eine Wassermühle.

Bis zum Dreißigjährigen Krieg stand sie im Erlenbruch versunken, heute kaum noch zu ahnen, in dem geheimnisvollen Grund, der heute „Mordmühle" genannt wird.

Als Tilly und die kaiserlichen Truppen marodierend unsere Dörfer und Städte heimsuchten, machten sie auch hier nicht halt. Sie mordeten den Müller vor den Augen seiner Frau und Kinder, warfen alle in die Mühle und sengelten sie nieder.

Alles verbrannte so jämmerlich in Schutt und Asche, daß sich ein Wiederaufbau von selbst verbot, Man entschloß sich darum, eine neue Mühle bei Nüssau zu errichten.

Das gleiche böse Schicksal erlitten noch viele andere Mühlen in diesen Jahren, weil bei den satten Müllern immer mehr Reichtümer vermutet wurden, als tatsächlich zu holen waren. So ging es auch der Maurinmühle bei Carlow im Mecklenburgischen, die ebenfalls Mordmühle genannt wird.

Die Nachtjäger

Vor vielen Jahren stand der Philippshäger Müller spätabends vor der Mühle und schaute zum Himmel, von dem ein seltsames Brausen herunterschallte.

Jedem Angsthasen wäre bei diesen grauslichen Geräuschen längst das Herz stehengeblieben, bei diesem Brausen und Tosen in der Luft, das klang als würde der Teufel zum Blocksberg fahren.

Aber der Müller wußte es besser: „Warts ab! Wode und die wilde Jagd müssen bald vorbeikommen."

Da kam auch schon der Nachtjäger auf dem feurigen Pferd dahergefahren, und mutig rief ihm der Müller zu:

Schönbrunn (Schlesien); Abb. von 1930

„Hallo, alter Freund, die halbe Jagd gehört mir!"
Der nächtliche Jäger schaute zu ihm herab und nickte.
Der Müller ging zufrieden ins Haus. Wie fuhr ihm da der Schrecken in die Glieder, als er ein halbes Weib mit schlohweißem Haar und kreidebleicher Haut in seiner Mühle sitzen sah!

Die halbe Jagd hatte er sich gewünscht –
das hatte man ihm erfüllt.

Geblieben sind auch ihm selbst schneeweiße Haare, die er in dieser Schrecksekunde bekommen hat.

Der Blutmüller

Vor vielen Jahren lebte auf dem Wulmer Berg ein alter Windmüller, den man nur „Blutmüller" nannte. Der Müller mahlte nie mehr nachts, weil ein furchtbares Ereignis ihn verfolgte.

Der Müller hatte einen jungen Müllerburschen in der Lehre gehabt, einen ungeschickten Töffel, dem man immerwegs hinterherarbeiten mußte. Irgendwann wurde es dem Müller zu dumm, und er langte dem Burschen tüchtig was hinter die

Löffel. Der Junge stolperte und fiel so unglücklich, daß er im Kornrump landete. Unrettbar ist er dann zwischen den Mahlsteinen zerquetscht worden, und obwohl der Müller noch die Hände des Unglücklichen ergriff, hat die Mühle den Burschen nicht wieder freigegeben.

Daran ist der Müller wohl verzweifelt und wahnsinnig geworden. Und er hat auch nie wieder nachts mahlen wollen, aus Angst.

Später kam ein furchtloser Geselle auf die Mühle, der den Bann brechen wollte, um den Müller aus seinen Ängsten zu befreien.

Genau um Mitternacht ließ der Geselle die Mühle anlaufen. Da fing die Mühle an zu schreien und zu kreischen, daß man es noch weit über den Fehmarnsund hören konnte.

Als der Geselle das Mahlwerk wieder abgestellt hatte und den Müller suchte, fand er ihn vor der Tür:

Die Mühlenflügel hatten ihm den Schädel gespalten.

Halsmühlen bei Uelzen; Wassermühle, Abb. von 1900

Schulendorf (Holstein); Papiermühle, Abb. von 1960

Die Müllerin und der Graf

Des Grafen Schack zu Gramm ältester Sohn hatte sich in eine schöne Müllerstochter verliebt.

Aber an eine so unstandesgemäße Ehe war nicht zu denken, es sei denn, der alte Graf wäre nicht mehr am Leben gewesen.

Da wurde dem jungen Grafen erzählt, wenn er in der Familiengruft die Neujahrsnacht betend verbrächte, würde er den in der Gruft versinken sehen, der im folgenden Jahre sterben müßte.

So stieg der junge Graf in die Grabgewölbe unter dem Kirchenfußboden hinab, um inbrünstig die ganze Neujahrsnacht über zu beten. Punkt zwölf Uhr hörte er draußen auf dem Kirchhofe Geräusche und erkannte dort seine geliebte Müllerstochter, wie sie sich im Sterbekleid in ein Grab legte. Und so geschah es:

Übers Jahr starb die schöne Braut. Der Graf kam darüber nicht hinweg und blieb ein tieftrauriger Mensch.

Der entführte Hammerschmied

Der Hammerschmied von Unterschönau mußte eines Abends in der Adventszeit das Wasser auf das Mühlrad lassen.

In Pantoffeln ging er zur Mühle hinaus zu den Schützen, um das Brett von der Schleuse zu nehmen.

Da kam das wilde Heer gestürmt, packte den Müller beim Kragen und riß ihn mit sich fort, weit über die Täler und Berge.

Die junge Müllerin fand am nächsten Morgen nur die Schlappen ihres Mannes am Grundwasser neben der Schütze. Als sie die Pantoffeln aufheben wollte, klebten diese wie angewachsen am Boden. Selbst die herbeigeholten Nachbarn waren nicht in der Lage, die gebannten Pantoffeln aufzunehmen.

Sieben Jahre später donnerte ein mächtiger Sturmwind über das Hammerwerk hinweg, über den die Leute im Dorfe nicht wenig erschraken: Und genau zu dieser Zeit pochte der verlorene Schmied an seiner Tür. Das wilde Heer hatte ihn wieder zu Hause abgesetzt. Und der Müller hatte sogar seine alten Pantoffeln an.

Er konnte aber die menschliche Kost nicht mehr vertragen und mußte kurz darauf sterben. Wo er die letzten sieben Jahre zugebracht hatte, hat er niemandem verraten.

Die Schlacht beim Kalten Baum

An der Heerstraße von Vohenstrauß nach Wernberg steht linker Hand an einem kleinen Teiche in der Nähe des Einödhofes ein einsamer Baum, eine Steinlinde.

Von den steilen Hängen weht ein eisiger Wind und hält das Laub in ständiger Bewegung. Darum heißt dieser unwirtliche Ort auch „Beim Kalten Baume". Ein Gewässer nährt und tränkt diesen ehemaligen Doppelbaum, der nur noch zur

Hälfte lebt und in seinem morschen Innern gut mehrere Menschen stehend aufnehmen kann.

Über diesen Baum gibt es folgende Sage: Wenn einer der Äste stark genug sein wird, um einen geharnischten Reiter samt Roß zu tragen, dann werden hier die Feinde aus zahllosen Heersäulen aus Ost und West zusammenprallen. Sie werden sich eine Schlacht von grausigsten Ausmaßen liefern. Bis zur Mitternachtsstunde soll das große Würgen dauern.

Die Rosse der Türken werden im Blute schwimmen. So weit das Auge reicht, wird kein Mann, kein Tier mehr stehend angetroffen werden. Ihr Blut wird in einem gewaltigen Strome die Mühle im Tale von Lind wieder zum Laufen bringen.

Danach wird eine großen Seuche alle Lebenden hinwegraffen, und erst in ferner Zukunft kommt dann ein Hirt herangezogen, um in dem Kalten Baume Wohnung zu beziehen. Erst seine Nachkommenschaft wird das öde Land neu bevölkern und fortan in Frieden und Wohlstand leben können.

Cantrup; Kellerholländer,
Abb. von 1955

Ein Lindwurm in Mecklenburg

Die bekannte Sage von dem Drachentöter St. Georg findet sich auch in Mecklenburg.

In der Gegend zwischen Stavenhagen und Neubrandenburg, wo drei bekannte Berge: Blocksberg, Jabsberg und Lindberg, liegen, hausten ehemals Lindwürmer.

Als der Müllersknecht von der Brandmühle eines Tages nach Neubrandenburg Mehl liefern sollte, überfuhr er auf seinem Wege einen Tannenzweig – wie ihm schien. Doch dieser Gegenstand, der in der Sonne frisch und blank leuchtete, war das Junge eines Lindwurms. Mit fürchterlichem Geschrei rief das todwunde Kleine die Alte aus einem Gebüsch, welche mit gewaltigen Sätzen dem Wagen des Müllers nachsetzte.

Der Bursche rettete sich dadurch, daß er den Bolzen zwischen den beiden Wagenteilen herauszog und auf dem Vorderteil davonpreschte. Der alte Drachen durchwühlte alle zurückgelassenen Säcke, biß sich dann enttäuscht in den Schwanz, drehte sich zu einem Riesenrad und trudelte nun dem Davoneilenden mit gewaltigen Schwüngen nach. Nur mit größter Anstrengung gelang es dem Müllerburschen, die Stadt Neubrandenburg zu erreichen.

Flink wurde das Stadttor vor dem feuerspeienden Scheusal heruntergelassen. Tagelang fauchte das wutschnaubende Untier vor der Stadt herum und ließ niemanden hinaus.

Da nahm sich ein fremder Prinz, der zufällig in der Stadt weilte, ein Herz und stürzte mit blankem Schwert dem Drachen entgegen. Der Ritter schlug dem Drachen den Schwanz ab, wodurch dem Tier seine stärkste Waffe verloren ging. Nun war es ein leichtes, den Lindwurm zu besiegen.

An der Stelle dieses Kampfes wurde die St. Jürgenskapelle errichtet und mit einem Bilde des Drachentöters geschmückt.

Hamburg-Barmbek; Grabberts Mühle 1890

Die zwölf Brüder

In der Wegsmühle bei Zellerfeld im Harz fanden zwölf Räuber ein schauriges Ende, wie eine Sage berichtet.

Die Dienstmagd öffnete eines Abends einem Fremden, der einen Sack Korn in die Mühle stellen wollte. Doch als wenig später Leben in den Sack kam, holte sie eine Schrotflinte und feuerte auf den Sack. Blutüberströmt schnitt sich ein Räuber mit seinem Dolch ins Freie. Bevor er starb, erzählte er der Magd noch, daß seine elf Brüder draußen auf sein Zeichen warteten, um dann die Mühle zu plündern.

Die mutige Magd holte ein Beil und wartete hinter der Klappe neben der Mühlenwelle, bis der erste Räuber seinen Kopf hineinsteckte; den schlug sie kurzerhand ab und zog den Toten in die Mühle. Als der zweite Räuber hinterherkroch, erging es ihm ebenso, und nicht anders allen andern, bis auf den Räuberhauptmann. Der hatte rechtzeitig Lunte gerochen und war verschwunden.

Etwa ein Jahr später erschien jener Räuberhauptmann in Gestalt eines Edelmannes: Er hielt um die Hand der Magd an, um sich erst in ihr Vertrauen zu schleichen und dann später fürchterliche Rache an dem Tode seiner elf Brüder zu nehmen.

Doch des Müllers Magd war listig und schlau und hat die bösen Absichten des Räuberhauptmanns durchschaut.

Aber wie das Leben so spielt: Der Räuber verliebte sich in die Magd und vergaß sein schlimmes Vorhaben. Die Magd jedoch wußte davon nichts, und nichtsahnend ergriff sie die nächste günstige Gelegenheit und schnitt dem Räuberhauptmann die Kehle durch, während er sein Mittagsschläfchen hielt.

Das Versteck mit den geraubten Schätzen hat man später gefunden und der Magd die Hälfte zugesprochen.

Nun war die Magd nicht nur schön, sondern auch reich; aber einen Mann hat sie nicht mehr bekommen.

Jeder Freier hat einen großen Bogen um dieses Mädchen gemacht, die mir nichts, dir nichts zwölf Männern den Schlund durchgeschnitten hatte.

(In abweichender Form wird diese Sage auch in anderen Gegenden erzählt.)

Heidmühle (Holstein); Abb. von 1984

Klein-Wesenberg (Stormarn); Wassermühle schon 1475 erwähnt

Die schwarze Fahne

Zur Zeit der Vitalienbrüder, der auch Liekendeeler genannten Seeräuber, wohnte ein mit ihnen befreundeter Edelmann auf Mönch-Neverstorf, einem adeligen Hofe bei Eutin. Seine Aufgabe war es, das Raubzeug zu verbergen, wobei ihm der Papiermüller von Rolübbe half. Neversdorf war manchmal zu unsicher, darum verlagerte der Graf oft seine Beute in die unterirdischen Gewölbe beim Herrenhaus Putlos. Die Verbindung abzusichern und einen ungeschorenen Transport zu ermöglichen, das war die Aufgabe des Papiermüllers, welcher mit farbigen Flaggen- oder Lichtsignalen den Weg frei gab.

Einst hatten die Piraten einen dänischen Prinzen aufgebracht und in die Verließe von Mönch-Neversdorf gesperrt, um ein hohes Lösegeld zu fordern.

Es wurde verabredet, daß der Prinz mit verbundenen Augen zu Hohwacht an Bord seines Schiffes gebracht werden sollte, sobald der Müller eine weiße Flagge hißte. Bei schwarz sollte der Prinz sogleich enthauptet werden und sein Kopf allein an Bord gebracht werden.

Doch des Müllers Bursche verwechselte die Farben: Obwohl Lösegeld gezahlt war, zog er schwarz.

Völlig verzweifelt soll der Prinz freiwillig sein Haupt auf den Haublock gelegt haben, wo er den Tod fand.

Seit diesem Schauerdrama hat man in den Gewölben an jedem Jahrestage die Leichen des Prinzen und des ebenfalls hingerichteten Müllerburschen neben dem Block liegen sehen können. Später aber wurde der Eingang zugemauert.

Erst 1848, als man die Keller zur Lagerung Bayerischer Biere benötigte, hat man die morschen Steine entfernt.

Müller Strohkark

Als das Dorf Strohkirchen nur aus fünf Häusern bestand, hauste dort ein Müller namens Strohkark, der sein Gewerbe nur zum Schein betrieb. In Wahrheit war er ein böser Wegelagerer und Räuber.

Er hatte an der Jannitz eine burgähnliche Wehrmühle, mit Palisaden und Wällen umgeben, und hielt sich zehn Gesellen. Zwei Unterhauptleute, einer in Jahnkenstadt bei Kuhstorf und

Hamburg-Schiffbek;
Papiermühle an der Schleeme, 1950

der andere in Saumburg an der Sude, gaben ihm per Signal immer die Hinweise auf lohnende Beute, das heißt auf vorbeiziehende Kaufleute, die auszuplündern waren.

Als sich der dreiste Räuber Strohkark an den Klöstern Zarrenthin und Eldena vergriff, wollte man ihn ein für allemal unschädlich machen. Doch der schlaue Müller vergrub seine Schätze und floh auf einem Pferd, dem er die Hufeisen verkehrt untergenagelt hatte, über die Elde und ward nie wieder gesehen.

Seine beiden Unterhauptleute trieben das schändliche Werk weiter, bis ein geraubtes Mädchen sie verraten hat. Das schlaue Mädchen streute Erbsen auf den Weg zum Unterschlupf der Räuber. Vom Sande bedeckt, keimten die Erbsen und wiesen den Häschern den Weg zum Räubernest.

Die Jungfernmühle

Vor Urzeiten versorgte der Müller zu Bütow seine Aale, als eine zauberhafte Jungfrau mit silbernen Haaren dicht neben ihn an den Mühlenkolk trat, schweigend mit einem goldenen Eimer Wasser schöpfte und ebenso schweigend wieder davonging.

Diese wundersame Erscheinung wiederholte sich noch einige Male, bis sich der Müller endlich ein Herz faßte, die schöne Maid ansprach und sie nach den Grund ihres Hiersein fragte.

„Ach, lieber Müller", anwortete das Mädchen, „ich muß mit meinem Eimer so lange Wasser hinauf zum Schloß tragen, bis mich jemand davon erlöst. Ich bin eine verwunschene Prinzessin und kann nur durch einen guten Menschen errettet werden, der mich, ohne sich auch nur umzublicken, bis zum Wendischen Friedhof trägt. Doch sollte sich mein Befreier, warum auch immer, nur einmal umschauen, bin ich unrettbar verloren."

Friesisches Fliesentableau; blaue Delfter Kacheln

Den Müller reizte das junge Ding. Er nahm all seinen Mut zusammen und schulterte sich das Mädchen, um sie zum Wendischen Friedhof zu tragen. Doch unterwegs befiel ihn ein eisiger Schauer, und etwas Borstiges berührte ihn von hinten. Voll Entsetzen schaute der Müller sich um und im gleichen Moment entglitt ihm die verzauberte Prinzessin mit einem wehklagenden Schrei und verschwand auf Nimmerwiedersehn.

Lange noch hoffte der Müller auf die Wiederkehr des schönen Mädchens – doch vergebens.

An diese Sage erinnert ein unbedeutender Hügel, „Schloßberg" genannt, welcher dem „Jungfernmühle" genannten Mühlengrund gegenüber liegt.

Heiteres

Hamburg-Bergedorf, Kornwindmühle 1960

Elmshorn; Abb. von 1900

Zundelheiner

Zundelheiner sitzt im Gasthaus zu Brassenheim, und alles redet von den Schandtaten des Zundelheiner, und daß man ihn fangen und aufknüpfen werde.

Dem Heiner wird ganz grün vor Angst, als auch noch der Brassenheimer Müller auf einem wohlgenährten Schimmel daherkommt, mit roten Pausbacken und kleinen freundlichen Augen, auf seine Kameraden in der Stube zugeht und begehrt, auch einmal den Zundelheiner zu sehen.

„Sei vorsichtig, vor dem Spitzbuben warnen alle." Doch der Müller tönt und prahlt und sagt, er werde noch bei gutem Tageslicht durch den Friedstädter Wald zur Mühle gelangen.

Für den Heiner wird es nun allerhöchste Eisenbahn, das Lokal zu verlassen, und er eilt zum Friedstädter Wald.

Dort trifft er einen Lahmen, dem er für sein Kasperle die Krücke abschnackt. Bald darauf kommen ihm zwei trunkene Soldaten entgegen, die singend zum Dorfe ziehen.

Nun setzt sich der Heiner mit eingezogenem Bein ins Gras, die Krücke hoch in die Äste hinaufgeschleudert.

Kurz danach kommt der Brassenheimer Müller auf stattlichem Schimmel dahergetrottet. Mit weinerlicher Stimme geht Heiner den Müller um Barmherzigkeit an: „Müller, mir armem, lahmem Mann haben die Flegel von Soldaten meine Krücke ins Geäst geworfen, Ausgeraubt bin ich dazu und hilflos, wie ihr seht. Habt Erbarmen und holt mir aus dem Baume meine Krücke."

„Nun gut", sagte der Müller und war sich seiner Überlegenheit, seines Reichtums und seines Witzes voll bewußt. Warum sollte er nicht hier den großzügigen Helfer spielen?

Doch kaum war der Müller vom Pferd gestiegen und zum Baum gegangen, um die Krücke zu langen, schwang sich der Heiner auf den Schimmel, und mit „Freundliche Grüße auch an die Frau Müllerin vom Zundelheiner" verabschiedete er sich vom Müller und galoppierte zur Mühle.

Als Heiner die Räder der Mühle so freundlich klappern hörte, band er den Schimmel dann aber doch an die Haustüre und setzte seinen Weg zu Fuß fort.

Lachendorf (Niedersachsen); Papiermühle bis 1930 in Betrieb

Götzberg (Holstein); Windrose an der Kornmühle 1984

Burg auf Fehrmarn;
Sägemühle am Hafen 1890

Müller Ohnesorgen

Der König kam eines Tages in Dithmarschen an einer Mühle vorbei, an deren Tür geschlagen stand: „Ich lebe ohne Sorgen." Der König, ganz verdutzt, ließ den Müller kommen und fragte ihn, wie er behaupten könne, ohne Sorgen zu leben; das könne ja nicht einmal er, der König.

Der Müller blieb dabei; es wäre an nun einmal so und nicht anders. Darauf befahl der König dem Müller, am nächsten Morgen ins Schloß zu kommen. Dort würden ihm drei Fragen vorgelegt, und dann werde sich schon herausstellen, ob er wirklich so sorglos leben könne.

So geschah es. Und der König fragte den Müller:

„Nun, Müller, was denke ich gerade?"

„Ganz einfach, Ihr denkt, der Müller ist gekommen."

„Allerdings", sagte der König. „Aber wie schwer ist eigentlich der Mond?"

„Höchstens vier Viertel und mehr nicht", sagte der Müller schlagfertig. „Und wenn es der König nicht glauben will, so wiege er doch selber nach."

„Und wie tief ist das tiefste Wasser?" fragte der König weiter.

„Nur einen Steinwurf tief."

Da lachte der König und sagte: „Höre, Müller, er ist ein Schalk, und wenn er mit allem so eilfertig zur Hand gehen kann, dann wird er auch wohl keine Sorgen haben", beschenkte den Müller noch reichlich und entließ ihn als einen guten Freund.

Schlochau (Pommern); Mühlenwerke 1940

Wie die Hühner sprechen lernten

Als der alte Graf das Zeitliche gesegnet hatte, mußte die Frau Gräfin selber die Geschäfte weiterführen, so auch die Verpachtung der Mühle.

Ihr Schreiber war sehr erpicht auf die Mühle und setzte alles daran, sie in seinen Besitz zu bringen. Mit fadenscheinigsten Gründen erhöhte er immer wieder die Pacht, so daß der rechtschaffene Müller böse zu krabbeln hatte, um seine Frau und die fünf Kinder durchzufüttern. Zu guter Letzt hatte auch die Gräfin den Müller satt und heckte einen ganz schikanösen Plan aus.

Sie schickte die Magd mit einer Legehenne und sieben Kücken zur Mühle, damit der Müller dem Federvieh das Reden beibringe – andernfalls müsse er von der Mühle abziehen.

Des Müllers Protest half nichts, ihm blieb keine andere Wahl.

So vertraute er sich verzweifelt seinem Freund, dem Hofnarren, an. Der aber lachte nur und nahm die Sache selbst in die Hand: „Mach' man erst die Kücken fett, die hauen wir uns dann gemütlich in die Pfanne. Die Henne kommt später in die Suppe, denn beißen wird man die wohl kaum noch können."

Gesagt-getan. Obwohl dem Müller dabei ganz mulmig zumute war, verschmausten sie nach und nach der Gräfin Hühner.

Als der Narr zum Hofe zurückbeordert wurde, betrat er jammernd den Palast, schlug die Hände über dem Kopf zusammen und rief immerzu „Oh, Oh. Das gibt noch Ärger. Das gibt noch Ärger!"

Davon wurde die Gräfin ganz neugierig und ungehalten. Sie hätte zu gern gewußt, was da für Ärger auf sie zukomme.

Doch der Narr wollte nicht so recht heraus mit der Sprache. Erst unter vier Augen berichtete er der Gräfin, daß der Müller den Kücken das Sprechen beigebracht hätte. Und die gackerten nun den ganzen lieben Tag nur:

„Die Gräfin hat das mit dem Schreiber –
Die Gräfin hat das mit dem Schreiber."
„Mit dem Koch auch –
Mit dem Koch auch."

„Lauf sofort zum Müller!" befahl die Gräfin schockiert: „Sag ihm, er soll sofort die Hühnerviecher abschlachten. Verpflichte ihn zu ewigem Stillschweigen, und sag ihm er dürfe seine Mühle behalten, solang es ihm gefällt."

Der Teufel und der Müllergeselle

Es war einmal ein Müller, der konnte keinen Gesellen halten: Allen wurde der Hals umgedreht.

Doch da kam zu guter Letzt ein großer, stattlicher Geselle, um nach einer Stelle zu fragen. Dem Müller kam das gut zupaß, und er fragte ihn, ob er auch keine Angst hätte, vorm Tod nicht und vorm Teufel nicht.

Nein, Angst habe er keine, sagte der Müllergeselle.

Prompt kam auch des gleichen Abends der Teufel, um den Gesellen zu holen, so wie die andern alle vor ihm.

„Wart's ab", machte der Müllergeselle den Teufel neugierig, „erst muß ich dir noch etwas zeigen." Er drehte den Schraubstock auf und wies den Teufel an: „Stecke deine Finger in dieses Loch, dann kannst du was erleben."

Der Geselle schraubte schnell den Schraubstock zusammen, so daß der Teufel festsaß. Der jammerte und schrie zum Gotterbarmen, doch der Müllergeselle machte ihn erst los, als der Teufel sein Versprechen abgegeben hatte, nie wieder diese Mühle heimzusuchen.

Aber vor der Tür droht er: „Geselle, paß auf, wenn du mir auf der Heide begegnest, dann rechnen wir ab!"

Nicht lange darauf mußte der Geselle über die Heide ins Dorf, als er den Teufel heranfahren sah. Der Müllergeselle schnappte sich eine alte Frau und nahm sie Huckepack. Als der Teufel dieses seltsame Gespann bemerkte, stutzte er doch, und der Müllerbursche rief ihm beherzt zu:
„Teufel, ich hab den Schraubstock mitgebracht."

Das mochte der Teufel gar nicht gerne hören, und er suchte das Weite.

Plathe (Pommern); Wassermühle 1922

Der gottlose Müller

Unweit von Scheeßel lag einst an einem kleinen Bach, der zur Wümme fließt, eine Wassermühle.

Sie würde noch heute bestehen, wenn nicht die Müller ein so gottloses Luderleben geführt hätten.

Eigentlich waren es zwei Brüder, die gemeinsam den ererbten Betrieb weiterführten. Mühlenbach und Teich führten damals so viel Wasser, daß sie gut zwei Familien ernähren konnten. Leider aber waren die Müllerbrüder derart verschieden, daß der eine prompt wieder umschmiß, was der andere gerade aufgebaut hatte. So war es kaum verwunderlich, daß die Kundschaft wegblieb. Was nützte es, daß es den einen wurmte, wenn's dem anderen egal war.

Der Gottlose der beiden sann auf nichts als Schabernack, und eines Ostersonnabends, zum hohen Fest der Christenheit, wollte er dem Pastor den ärgsten Streich seines Lebens spielen: Er plante, zu Ostern die Kirche unter Wasser zu setzen. Da diese im Tale, an einer niedrigen Stelle, stand, brauchte man nur den Mühlteich zu überstauen und dann die Schotten zu ziehen, – und die Fluten stürzten sich mit Macht hinunter ins Tal bis in die Kirche.

Der gute Bruder hatte zu dieser Zeit auswärts zu tun und kam erst gegen Mitternacht nach Hause, als er schon von weitem die Wassermassen mit Donnerbrausen auf das Dorf und die Kirche zurasen sah.

Nichts konnte die Fluten aufhalten: Auch die Mühle schwemmten sie hinfort, und dem bösen Müller wurden sie zum Grab. Allein die Kirche von Scheeßel blieb unbeschadet stehen.

Den guten Bruder trieb die Scham aus dem Lande in die weite Ferne.

Pumphuts Streiche

Pumphut, den aberwitzigen Müllerburschen, einen Tausendkünstler und Schalk zugleich, erkannte jeder gleich an seinem hohen, spitzen Hut. Er trieb seinen Schabernack in der Mark. In der Niederlausitz war er dagegen unter dem Namen Pumpfuß bekannt.

Meist war Pumphut auf Wanderschaft und ließ seine Meister zufrieden, wenn auch er gerecht behandelt wurde. Aber wehe denen, die Pumphut zu übervorteilen versuchten.

Eines Tages kam Pumphut an einer Mühle vorbei, an der sich unfähige Werkleute abmühten, eine neue Welle aufzuziehen. Obwohl alle schwitzten und sich redlich bemühten,

Pumphut schaute eine Weile interessiert zu, bis der Müller ihn bösartig anfauchte:

„Mach, daß du weiterkommst – hier wird gearbeitet und nicht Maulaffen feilgehalten."

Inzwischen jedoch kamen die Werkleute überhaupt nicht mehr zu Rande. Da ging dem Müller ein Licht auf: War das nicht eben Pumphut gewesen, hatte er vielleicht die Mühle behext?

Doch Pumphut war schon weitergezogen und hielt in einem Hain sein Mittagsschläfchen. Vorsichtig weckte der Müller den Burschen und versprach ihm den Himmel auf Erden, wenn er die Reparatur der Mühle zum Guten wenden würde. Pumphut willigte ein, stand in aller Ruhe auf und folgte dem Müller.

Nun kommandierte er die Zimmerleute: Sie zogen und bogen, bis die Welle zu lang war. Enttäuscht wollten sie schon das überstehende Ende absägen, da nahm Pumphut seinen Hut und klopfte die Mühlenwelle auf die die rechte Länge. Das Werk paßte nun ausgezeichnet, und die Mühle mahlte wieder vortrefflich.

Neubrandenburg (Mecklenburg); „Vierradenmühle" 1900

Pumphut hielt es nie lange an einem Ort.

Unstet durchstreifte er die Lande, arbeitete überall gerne, doch nie länger als unbedingt nötig.

An einem trüben Tag, als die Nebel stampedick über den Feldern lagen und kein Lüftchen sich regte, kam Pumphut zu einem Müller, der tiefsinnig vor seiner Mühle stand und auf Wind wartete.

„Da ist nichts zu machen", sagte der Müller, „seit Wochen Windstille und keine Kundschaft! Ich werde wohl verhungern müssen." „Nun man halblang", rief Pumphut fröhlich, „du wirst schon nicht verhungern, Müller."

Pumphut sprang nun wie der Wirbelwind über die Felder, schwenkte seinen hohen spitzen Hut, bis sich der Nebel lichtete. Er scheuchte die Schwaden und Nebelfetzen vor sich her und trieb sie gen Himmel. Es dauerte nicht lange, da lichtete sich der Tag, dann leuchtete wieder der Himmel, und die Sonne kam zum Vorschein. Nun konnten auch die Winde wieder wehen und die Mühle auf Galopp bringen.

Der Müller mahlte, daß es eine Freude war, die Bauern brachten all ihr Korn und bekamen allerfeinstes Mehl zurück. Pumphut ging dem Müller tüchtig zur Hand und bekam einen klingenden Lohn in blanker Münze.

Als er sich wieder auf dem Weg machen wollte, ließ der Müller Pumphut ungern ziehen:

„Pumphut, hilf mir noch ein letztes Mal. Ich habe heute einem Viehhändler mein Kalb verkauft, doch der Halsabschneider hat mich übers Ohr gehauen. Hilf mir, das Kalb wieder zurückzubekommen."

Mit Windeseile lief Pumphut dem Kälberstrick nach, überholte ihn heimlich, legte sich dann ins Gebüsch und warf seinen rechten Schuh auf den Weg. Als der Viehhändler vorbeikam, fand er den schönen Schuh und hob ihn auf.

„Leider fehlt mir dazu der linke", sprach er zur sich selbst und schleuderte den Schuh seitwärts in die Büsche, genau vor Pumphuts Füße.

Pumphut eilte nun heimlich dem Viehhändler voraus, setzte sich wieder versteckt ins Geträuch und legte den linken Schuh sichtbar auf die Straße.

Als nun der Händler den Schuh bemerkte, überlegte er nicht lange, band das Kalb an einen Baum und lief eilig den Weg zurück, um sich den anderen Schuh zu holen, den er vorschnell weggeworfen hatte. Doch Pumphut hatte den ersten längst wieder an und den zweiten, den der Händler beim Kalb zurückgelassen hatte, ebenso. Nun band er nur noch das Tier ab und führte es auf Schleichwegen zurück zum Müller.

Müden an der Oertze; Wassermühle um 1900

Der kleine Müller

Auf der Bisdorfer Mühle war einmal ein winzig kleiner Müller, der mit seinen unmäßigen Kräften angab und damit die Bauernknechte herausforderte.

Das reizte auch den großen Hans von Gammdorf, der drei Sack Weizen auf einmal schleppen konnte. Der schloß nun eine Wette ab mit dem winzig kleinen Müller von Bisdorf: Wer zuerst drei Säcke vom Wagen bis zum Mühlenboden hinauf getragen hätte, wäre Sieger.

Doch der Bisdorfer Müller war sehr gerissen. Als der große Hans sich den ersten Sack aufbürdete, krabbelte der klitzekleine Müller hinten mit drauf und ließ sich heimlich mit auf den Boden tragen. Kurz vor der letzten Stufe sprang der Müller ab, schwenkte einen Sack und rief:

„Ich bin schon da!"

Dann sauste der kleine Müller unbemerkt auf der Glitt am Rump vorbei aus der Mühle heraus und versteckte sich unter dem Wagen auf dem Hof.

Der große Hans kam die Treppe heruntergetobt, schnappte sich den zweiten Sack und schleppte ihn wieder hinein in die Mühle und die Treppe hoch. Doch der kleine Müller saß wieder hinten auf dem Sack, sprang als erster auf den Kornboden und rief: „Ich bin schon da!"

Und er wedelte mit einem halbleeren Sack und tat, als hätte er seinen Sack schon oben in der Mühle entleert.

Der große Hans kam nach dem dritten Sack dann doch sehr ins Schwitzen, und er hat nie begriffen, warum er seine Wette verlor.

Der kleine Müller aber ist noch kleiner geworden und zuletzt ganz zusammengeschrumpelt, weil er den großen Hans so genasführt hat.

Nun spukt der winzig kleine Müller immer noch oben in der Mühlenkappe und schaut müde zum Landkirchner Friedhof hinüber. Wie gerne möchte er sterben und christlich begraben werden, doch dieses Recht hat der sich verscherzt und muß nun bis in alle Ewigkeit als Spukgestalt umgehen.

Der Kuckuck von Clausthal

Müller Bremer war nicht nur Eigentümer der Mühle Bremerhöhe bei Clausthal, selbst die ganze Gegend gehörte ihm. Daß dieser reiche Mann ein arger Schlemmer geworden und sein Ende als Bettler verlebt hat, ist die Schuld eines Kuckucks.

Der Kuckuck ist nun einmal ein Prophet und wird als Orakel für viele geheime Wünsche herangezogen. Und so fragte der Müller eines Tages den Kuckuck, wie lange er denn noch zu leben habe. Da schrie der Kuckuck dreimal.

„Ei", sagte sich da der Müller, „drei Jahre nur? Dann nehme ich mir das Recht, die kurze Frist mit Völlerei und mit Prassen zu verbringen und auf meine letzten Tage nach Herzenslust alles ausgiebig zu genießen." Darauf begann er ein lustiges Leben in Saus und Braus. Und als die drei Jahre vergangen waren, hatte er sein Anwesen verwirtschaftet.

Sein Leben aber war noch lange nicht zu Ende. So ging er betteln von Tür zu Tür und entschuldigte sich mit dem

Theelsdorf (Niedersachsen); Abb. von 1930

Spruch: „Der Kuckuck hat mich betrogen: Mein Hab und Gut ging zum Kuckuck." Er lebte noch manches Jahr eine Art Kuckucksdasein und war allezeit vergnügt dabei, denn seinen Mitmenschen hatte der Bremer nie ein Unrecht getan.

Dazu muß noch gesagt werden: Im Kuckucksgefieder ist der diebische Sinn eines Bäckers gebannt, welcher in Zeiten großer Teuerung die Leute bestohlen und übervorteilt hat. Bei jedem Brot zwackte er sich unrechtmäßig ein Stück ab, um sich selbst daran zu bereichern. Bei jedem Brot, das er aus dem Ofen zog, sagte er daher immer vergnügt: „Guck – Guck". Und als der Teufel seine Seele abholen kam, rief er auch dem Satan wegen seiner schönen schwarzen Farbe zu: „Guck – Guck". Wenn der Kuckuck „Kuckuck" schreit, meint man, der alte Bäcker habe gerufen, genau so klingt es.

Das Bettelweib

War es nun in Kolditz oder anderswo, auf jeden Fall trieb in einer jener Mühlen nachts der Teufel sein Unwesen. Wehte auch der schönste Wind, der Müller getraute sich nicht, nach einbrechender Dunkelheit seine Mühle zu besteigen. So lief das Geschäft nur noch im Krebsgang, und der Müller wurde immer ärmer.

Eines guten Tages kam ein bettelarmes Mütterchen zur Mühle und bat um ein Almosen. Doch der Müller besaß selber nichts mehr und klagte nun der Alten sein Geschick.

Da lachte das Bettelweib nur und sagte: „Laß uns die letzten Bissen teilen, Müller, dann werde ich dir schon aus der Patsche helfen."

Der Müller war heilfroh und willigte ein.

Nun wackelte die Alte zu einem Lindenbaum, machte aus dem Bast einen Strick, nahm noch einen Sack voll Sand mit und setzte sich spätabends oben in die Mühle.

Als der Teufel erschien und die Alte gewahr wurde, fuhr er böse die Stiegen herab. Doch die Alte war nicht ängstlich.

„Teufel", sagte sie, „mahl mir erst den Sack, dann bekommst du meine Seele."

Das gefiel dem Satansbraten, doch die Alte war schnell: Als der Teufel den Sack aufband und verwundert auf den Sand schaute, band sie seinen Hals mit mit dem Bast am Sack fest.

Da saß der Teufel festgezurrt und mußte alles tun, was die Alte von ihm verlangte.

Sie hat den Satan weit weg von der Mühle in einem Wirtshause abgeladen und hinter den Ofen geschoben. Dort saß der arme Teufel noch sieben Jahre. Und weil er dort nichts zu essen bekam und auch sonst nichts Böses tun konnte, ist er zuletzt bis zu einem dürren Besen abgemagert und vertrocknet. So steht er dort noch heute.

Ratzebuhr (Pommern); Walkmühle 1900

Juckt dich der Buckel?

Bei Rodenbach liegt an einem modderigen Graben eine alte Mühle. Das Wasser von dem sie angetrieben wird, versandet oft, darum läuft das Rad sehr langsam.

Nun kam einmal ein Bursche vorbei, der wollte zum Tanzen in den Krug „Zum dicken Ochsen" und machte sich über die kleine Mühle lustig. Plötzlich glaubte der Bursche die Mühle sagen zu hören: „Juckt dich der Buckel? – Juckt dich der Buckel?"

Das ist aber kein gutes Omen für einen lustigen Abend, dachte der Bursche bei sich.

Doch nichts Böses ahnend, vertrieb er sich mit den Mädchen die Zeit im Krug „Zum dicken Ochsen."

Aber es kam, wie es kommen mußte: Bei einem deftigen Streit um die Mädels bezog er eine ordentliche Tracht Prügel.

Als der Bursche heimwärtsziehend wieder an der Mühle vorbeikam, hatte es inzwischen heftig geregnet, das Bächlein war angeschwollen und trieb das Mühlrad in flotten Trab.

„Hat dich der Buckel gejuckt? – Hat dich der Buckel gejuckt?" glaubte der Bursche da die Mühle fragen zu hören.

Das hat ihn dann doch sehr ehrfurchtsvoll gestimmt. Und seitdem ist er immer voller Hochachtung vor dem ehrwürdigen Alter der Mühle an dieser Stelle vorbeigegangen.

Hamburg-Harburg; „Außenmühle" in Wilstorf bis 1927

Kurze Geschichte der Mühlen – ein Nachwort

Mögen die Mühlensagen auch ins Reich der Phantasie hinüberreichen, ihre Ursprünge finden sich zweifelsfrei in der industriellen Nutzung durch unsere Vorfahren. Wind- und wassergetriebene Mühlen waren die Produktionsstätten der Schwerindustrie von damals. „Fabrik" nennt noch heute der Engländer seine Mühlen. Wer nun meint, erst im 19. Jahrhundert hätte die Industrialisierung eingesetzt, der irrt. Im 19. Jahrhundert begann ‚nur' das Dampfmaschinenzeitalter.

Bereits in grauer Vorzeit baute der Mensch Getreide an und zerquetschte das harte Korn zwischen zwei unterschiedlichen Steinen. Das entspricht im Prinzip immer noch der heutigen Mahl-und Mühlentechnik.

Die allerersten Handmühlen hießen Querne, Kirne, Kurn oder auch Karn. Aus diesen Benennungen entstanden die Familiennamen der Müller: Körner, Kerner, oder Karn, sowie alle ähnlich klingenden Namen. Unser heutiger Müller findet seinen Namen im altgriechischen „mylos" (die Mühle) wieder; verändert dann im lateinischen Lehnswort „molae"; eingedeutscht später als Mola, Möhl, Mühle, entsprechend dann: Möller und Müller.

Solange der Mensch weder große Mengen zu mahlen hatte noch unter Mangel an billiger Menschenkraft litt, drehte er selber die Mühle per Hand. Oder er spannte Pferde und Ziegen, Hunde oder Ochsen ins Joch vor eine Göpelmühle. – Schon im 2. Jahrhundert sind große Wind- und Wassermühlen beschrieben worden. Zur Zeit der Belagerung Roms im Jahre 435 unserer Zeitrechnung wurden schwimmende Schiffsmühlen erfunden. Verankerte Schiffe mit einem Mühlenwerk an Bord besaßen beiderseits Mühlenräder, welche vom vorbeiströmenden Wasser gedreht wurden. Solche Mühlen lagen noch bis 1890 in der Weser, in der Elbe und am Oberrhein. – Feststehende Wassermühlen brachten die Römer mit nach Norden zu uns. Schon im 4. Jahrhundert schnitten römische Sägemühlen an der Mosel Marmorplatten für Bauzwecke.

Zwei Gründe mögen wohl bei der Einführung der Wasser- und Windmühlen Pate gestanden haben. Erstens zwang uns die Enge der neugegründeten Städte im 12. Jahrhundert zu rationeller hergestellten Massengütern. Während zweitens und zeitgleich die Benediktiner- und Zisterziensermönche unsere nördlichen Gefilde christianisierten und besiedelten. Zu ihren Klostergründungen legten sie gleichzeitig tausende von Mühlen an, um sich durch Arbeitserleichterung etwas Mußezeit zu verschaffen. Sie legten in Flüssen Mühlendämme und Wehre an und schufen für ihre Mühlen einen großen Wasserstau, der den Regenten anderseits die Möglichkeit zur Anlage einer geschützten Wasserburg im Mühlenteich gab. Gerade im Norddeutschen Raum kann man anhand alter Stadtansichten solche Wasserburgen im Mühlenteich noch gut erkennen. So in Schwerin, Oldesloe, Ahrensburg, Bergedorf und vielerorts mehr. Der größte Mühlenteich in Norddeutschland ist die Außenalster von Hamburg gewesen.

Die Wassermühlen durchliefen in ihrer Geschichte große Wandlungen. Ursprünglich schlug der Bach nur unten gegen die Mühlräder und trieb diese Mühlen ‚unterschlägig' an. Durch Hochstauen von Mühlteichen und ganz besonders an Berghängen konnte man das Wasser aus Schütten von oben auf die Mühlräder fallen lassen und somit Kraft ud Leistung steigern. Diese ‚oberschlägigen" Mühlen erzeugten immerhin schon 35 Pferdestärken; weit mehr als die ersten Dampfmaschinen leisten konnten. Wesentlich effektiver arbeiten natürlich Wasserturbinen, deren Schaufelräder exakt in Tunnel eingepaßt sind und somit die Wasserkraft über 90 % ausnutzen.

Nur klappert dabei keine Mühle mehr am rauschenden Bach. Es summt nur noch unterirdisch und knistert elektrisch: Wasserkraftwerke (früher Strommühlen genannt) von gigantischen Ausmaßen mit schwindelerregend hohen Sperrmauern (Mühlenwehre) an riesigen Stauseen (Mühlenteiche) sind das Endstadium der einstmals so heimeligen Wassermühlen.

Schon vor Urzeiten gab es in Persien feststehende Turmwindmühlen, welche aber allein und fast selbsttätig die trockenen Felder bewässerten. Ab dem 10. Jahrhundert kam die Bockwindmühle auf, die als ‚Deutsches Werk' bezeichnet wurde. Sie stand mit ihrem fünf Tonnen schweren Gehäuse samt Mahlwerk auf einem einzigen Eichenbalken drehbar gelagert. An einem Steert (Schwanzbalken) wurde das ganze Mühlenhaus mit den Flügeln gegen den Wind gedreht. In England sollen schon um 800 nach Christo Bockwindmühlen gestanden haben, bei uns tauchten sie um 1185 zuerst an der Nordseeküste auf.

1573 erfand der Holländer Lieven Andries das sog. ‚Flandrische Werk', die Holländer Windmühle, bei der nur noch der ‚leichte' Mühlenkopf mit den Flügeln gegen den günstigen Wind zu drehen war. Doch nur langsam setzte sich diese Verbesserung, bei uns erst im 18. Jahrhundert, durch. 1750 wurde vom Schotten Meikle die Windrose erfunden, welche nun automatisch die Mühlenkappe zum Winde dreht. Zu spät für die Entwicklung der Windmühlen kamen die 1920 vom Major Bilau konstruierten ‚Ventikanten', das sind ausgeklügelte Windbretter, welche auch den schwächsten Wind in Energie umsetzen konnten. Zu spät, denn das großen Mühlensterben war unaufhaltsam geworden. Schnellaufende Elektromühlen mahlten schon damals unabhängig von Wind und Wetter rund die Uhr jede Art von Mahlgut; sie befriedigten damit selbst die anspruchvollsten Kunden, was Menge, Art oder Sorte betraf.

Nicht nur Korn wurde einst auf den Mühlen gemahlen. Als Industrieanlagen produzierten die Mühlen mit Wind- und Wasserkraft einfach alles, was der Mensch nicht mehr mühselig von Hand herstellen wollte oder konnte. Im Jahre 1694 wurden in England 95.000 Mühlen gezählt. In Deutschland standen 1933 immerhin noch 19.000 Mühlen. Durch den konzentrierten Einsatz von Wassermühlen lagen manchmal auf kurzer Distanz 6–10 Mühlen hintereinander an einem Bach. Interessant ist auch, daß die Okertalsperre im Harz 1721 eigens dafür angelegt wurde, um über ein Kanalsystem 225 Wassermühlen anzutreiben, welche für die Bergwerke und Hüttenbetriebe die nötige Energie abgaben.

Mühlen wurden je nach ihrem Verwendungszweck benannt. Alphabetisch geordnet folgen Kurzbeschreibungen verschiedener Mühlenarten. Von diesen Mühlen waren mehr als 40 Gewerbe existenzabhängig.

Beutelmühlen (Feinmehl- oder Weißmehlmühlen) erfunden 1502, doch erst ab 1804 gebaut, für die Trennung der grauen Spelzen vom weißen Mehl.

Beutler- oder Sämischmühlen klopften Handschuhleder dünn und geschmeidig.

Blaumühlen sind Farbmühlen

Bohrmühlen bohrten bis zu 3 Meter lange Löcher in Baumstämme für Trinkwasser-Rohrleitungen. Später drehten sie Kanonenrohre aus Eisen.

Dampfmühlen: Mühlen mit Dampfmaschinenantrieb, ab 1832 entwickelt.
Draht-(zieh)-Mühlen Seit 1494 in Betrieb. Schockezieher zogen durch Paßlöcher dünne Messingstäbe zu Drähten aus.
Dreschmühlen, selten gebaut – auch wenn sie dreimal so viel Korn droschen als sechs Männer – weil sie das Getreide zu sehr zerquetschten.
Eisenhammer seit dem 13. Jahrhundert weit verbreitet: Wassermühlen betätigten Blasebälge für Hochöfen und Eisen-Schmiedehämmer.
Farbmühlen, Basilienholzmühlen, Blaumühlen, Bastmühlen, auch Pulvermühlen zerrieben färbende Hölzer oder Steine, Borke und Früchte zu Farbpulver.
Farmmühlen, Windräder, Rotoren trieben Wasserpumpen auf abgelegenen Weiden und Gehöften an.
Feldmühlen, Wagenmühlen: Ein Göpelwerk trieb im Kriege, die in Wagen untergebrachten Mühlen für die Heeres-/Feldbäckereien.
Flutmühlen, Gezeitenmühlen nutzten das auf- und abfließende Wasser bei Ebbe und Flut. Seit 1420 gebaut.
Fußmühlen, Tretmühlen, Tretscheiben, Trommelmühlen sind von Menschen oder Tieren in Bewegung gesetzte Mühlen.
Gewürzmühlen, Senfmühlen: Eigenständige Werke zur Vermeidung von Geruchsübertragungen.
Göpelmühlen: Antrieb durch umlaufende Menschen oder Tiere. Lukrativ waren Doppelmühlen mit zwei Pferden, Ochsen, Hunden oder Eseln im Joch.
Graupenmühlen, Grubenmühlen, Grützmühlen, Peldemühlen sind Getreidemühlen zum groben Schroten.
Hammermühlen, Kupfermühlen, Eisenmühlen pochten seit dem 9. Jahrhundert Metalle flach oder hohl.
Handmühlen ohne Getriebe, als Vorläufer der mechanischen Mühlen waren:
  1. *Gniedel* (-steine) zum Zerdrücken des Korns.
  2. *Mörser* zum Zerstampfen des Getreides.
  3. *Querne,* Drehmühlen, halbmechanische Mühlen; zwischen zwei Basaltsteinen, mit einem Holzknüppel zum Drehen, wurde das Korn zerrieben.
Hanfmühlen, Boltenmühlen zerdrückten Flachszöpfe zu feinen Fasern. In der Regel Nebenmühlen zu größeren.
Holzmühlen raspelten Holzspäne zur Füllung von Puppenbälgen, für die chemische Industrie und für Verpackungszwecke.

Kalkmühlen, Gipsmühlen, Schillmühle = Muschelkalkmühlen erzeugten Kalke für die Weiterverarbeitung zu Kitt, Farben, Putz- und Zahnpasten, Gummi, Filter oder Schlämmkreide.

Kartoffelmehlmühlen, Kartuffelmühlen mahlten seit 1768 getrocknete Kartoffeln, die noch heute bis zu einem Viertel dem Roggenbrot beigegeben werden.

Knochenmühlen zertrümmerten ab 1800 Knochen zu Düngemittel.

Kornmühlen, Roggenschrotmühlen mahlten nur Grütze, Graupen und Schrot. Es waren keine Mehlmühlen.

Kugelmühlen, „Skandinavische Mühlen". Vertikalturbinen zum Schleifen von Stein- oder Eisenkugeln.

Kupfermühlen, Kupferhämmer schlugen Kupferplatten zu Blech oder Kesseln.

Mehlmühlen, Mahlmühlen, Weizenmühlen stellten das feine Weißmehl her.

Moddermühlen, Baggermühlen, Schlammühlen, seit dem Mittelalter benutzt, um aus den Fahrrinnen Wasserpflanzen und Unrat heraufzuschaufeln.

Ölmühlen quetschten aus erhitzten, ölhaltigen Samen, wie z. B. Bucheckern, Raps oder Hanf, später auch aus Kokosnußfleisch, Oliven, Palmkernen und Mohn Speiseöle und Schmieröle.

Papiermühlen zerrissen und zerstampften Leinenlumpen (Hadern) zu feinem Faserbrei, aus dem Papiere geschöpft wurden.

Paßmühlen, Feldentwässerungsmühlen, an einem Wasserstandsmesser (Pegel, Wasserpaß) las der Paßmüller ab wann er die Segel der Paßmühle streichen mußte.

Poliermühlen brachten die Harnische, Schwerter, Schmuck und anderes auf Hochglanz.

Pulvermühlen, Krautmühlen, Krutmühlen pulverisierten, Holzkohle, Salpeter und Schwefel für die Schießpulverherstellung. Sie flogen nicht selten in die Luft.

Sägemühlen, Brettmühlen zum Schneiden von Stämmen, Balken, Brettern. 1592 zuerst erwähnt, aber bis 1768 erfolgreich durch die Handsägerzunft bekämpft und verhindert.

Schälmühlen, Stampfmühlen für Hirse und Buchweizen oder Reis benötigt.

Schleifmühlen entwickelt für die Edelsteinschleifereien.

Schmelzmühlen. Hammermühlen mit einer Silber- oder Kupferschmelze für Münzenguß und -Prägung.

Schmiedemühlen, Sensenschmieden, Messermühlen, Spatenmühlen. Hammerschmiedemühlen.
Schöpfmühlen entwässerten die feuchte Marsch von Sicker- und Regenwasser mittels Schöpfkellen, Schaufeln oder archidischer Schrauben.
Seidenmühlen zum Spinnen und Zwirnen von Seidenfäden, vorwiegend in Südeuropa.
Salinenmühlen, Solepumpmühlen standen auf Gradierwerken und pumpten das Salzwasser hoch.
Strohmehlmühlen gebaut ab 1915. Strohmehl wird seitdem anstelle von Backschrot zum Bestreuen von Brotunterseiten benutzt.
Tabaksmühlen pulversisieren Tabake zu Schnupftabak, zerschneiden Kautabak und glätten Zigarrendeckblätter.
Ventilationsmühlen wurden schon im Mittelalter zur Belüftung herrschaftlicher Küchen, Hospitäler und Gefängnisse eingesetzt.
Walkmühlen stampften locker gewebte Tuche, um sie zu verfilzen, zu verdichten und auch geschmeidiger zu machen. Sie werden seit dem 11. Jahrhundert gebaut.
Windräder, Windmotoren, Turbinenmühlen, Farmmühlen. Eine Technik, die erst um 1830 aus Amerika bekannt wurde. Leistungsschwach und gegen Windböen sehr empfindlich.
Zuckermühle zum Ausquetschen von Zuckerrohrstengeln.

Kollow (Lauenburg); Kornwindmühle, Abb. von 1945

Auswahl weiterführender Quellen

Bechstein Ludwig, Deutsche Sagen, Berlin 1816
Brockhaus Paul, Schwänke und Schnurren, Stuttgart 1924
Beckhausen, In der Heimat,
Bartsch Karl, Sagen Mecklenburgs, Wien 1879
Colshorn C. und Th., Sagen aus Hannover, Hannover 1854
Deecke Ernst, Lübische Sagen, Lübeck 1890
Dümke Oscar, Havelsagen, 1924
Drewitz, Märkischen Sagen, Berlin 1985
Eichwald Karl, Bremer Sagen, Bremen 1877
Freudenthal August, Sagen Niedersachsens, Bremen 1895
Grässe J. G. Th., Preußisches Sagengut, Glogau 1868
Frahm, L., Norddeutsche Sagen, Altona 1890
Grimm Gebr., Deutsche Sagen, Berlin 1816
Haltrich Josef, Sagen aus Sachsen, 1882
Hennings K., Niedersächsische Volksmärchen, 1908
Henninger und von Harden, Niedersachsen Sagenborn, 1909
Hessler Carl, Hessischer Sagenkranz, 1927
Handtmann Ed., Neue Sagen der Mark Brandenburg, Berlin 1883
Harten J. v., Harzsagen, Hildesheim 1953
Jahn Ullrich, Pommersche Volksmärchen, 1881
Jarchow, Geschichten Ostholsteins, 1978
Karstens Heinrich, Niedersächsische Sagen, 1951
Könnecke H., Sagen vom Solling (handschriftlich), 1950
Kuhn Adalbert, Märkische Sagen, Leipzig 1848
Meier, G. Fr., Holsteensche Volksagen, 1915
Melhop, Die Alster, Hamburg 1908
Meissel Fr., Sagen aus dem Kreise Hameln, 1924
Müllenhoff K., Sagen aus den Herzogtümern Schleswig-Holstein und Lauenburg, Kiel 1845
Neumann, Sagen aus Hamburg, Hamburg 1947
Pomplun Kurt, Berliner Sagen, o. J.
Peatow Karl, Sagen und Märchen, 1952
Roggenthin Ruth, Mecklenburgische Sagen, Schwerin 1959
Raabe H. F. W., Allgemeines Plattdeutsches Volksbuch, Wismar 1854
Ranke, Karl, Schleswig-Holsteinische Volksmärchen, Kiel 1955
Richter Wolfg., Deutsche Schwänke des Mittelalters, Ffm. 1961
Ruland Wilh., Sagen des Rheins, Halle 1938

Schacht A., Hamburgische Sagen, Hamburg 1894
Selk, Lügengeschichten aus Schleswig-Holstein, Preetz 1982
Seiler Josef, Sagen und Märchen, 1850
Schambach Georg, Sagen Niedersachsens, 1955
Schwanold Heinr., Niedersächsischer Sagenborn, o. J.
Schwartz Wilh., Märkisches Sagenbuch, Berlin 1843
Schröder Wilh., Plattdeutsche Volksmärchen (Stade), Hannover 1840
Strackerjahn, Aberglaube u. Sagen aus dem Herzogtum
Oldenburg, Oldenburg 1867
Temme J. D. H., Volkssagen der Altmark, 1839
Veckenstedt, Wendische Sagen, Graz 1880
Wisser, W., Ostholsteinische Volksmärchen, Leipzig 1904
Wiepert P., Volkssagen von Fehmarn, o. J.
Wagenfeld Fr., Bremer Volkssagen, o. J.
Weichelt, Hannöversche Sagen, Leipzig, Norden 1909
Zaunert, Sagen Schleswig-Holsteins, Jena 1929

Register der Mühlenabbildungen

Achim (Bremen) 35
Ammerland 67
Avekhoy 115
Baarßen (Bad Pyrmont) 82
Bad Sooden-Allendorf 93
Bernitt (Mecklenburg) 52
Borstel (Niedersachsen 78
Buchholz (Nordheide) 105
Burg (Fehmarn) 135
Buschkamp 85
Cantrup 122
Dahmsdorf (Stormarn) 47
Dassow (Pommern) 25
Döse (Cuxhaven) 31
Dramberg (Pommern) 27
Dudensen (Niedersachsen) 48
Elmenhorst (Stormarn) 23
Elmshorn 132
Eutin 91
Farchau (Ratzeburg) 16
Fleischgaffel (Siek) 42

Fliegenberg (Winsen) 71
Friedrichskoog 55
Friesische Fliesen 129
Fockendorf (Holstein) 7
Götzberg (Holstein) 134
Grande (Lauenburg) 106, 113
Häningsen (Hannover) 5
Hagenow (Mecklenburg) 24
Halsmühlen (Uelzen) 119
Hamburg Barmbek 124
  Bergedorf 63, 81, 131
  Billwerder 39
  Harburg (Wilstorf) 148
  Heiligengeistfeld 66
  Kirchwerder 15
  Neuenfelde 56
  Ochsenwerder 94
  Reitbrook 13
  Schiffbek 127
  St. Georg 13
Hamfelde (Lauenburg) Rückseite

Haseldorf (Holstein) 53
Heidmühle (Holstein) 125
Hochdonn (Rendsburg) 44
Honigfleth (Holstein) 73
Husby (Schleswig) 9
Klein-Wabs (Eckernförde) 43
Klein-Wesenberg (Stormarn) 126
Knuth (Pommern) 54
Kollow (Lauenburg) 154
Kröpelin (Mecklenburg) 98
Krojanke (Pommern) 74
Labenz 110
Lachendorf 133
Leer (Ostfriesland) 6
Lenzen (Elbe) 103
Lutterbek (Probstei) 22
Mölln 116
Müden a. d. Oertze 143
Munkbrarup (Schleswig) 38
Neubrandenburg 141
Neuschönningstedt 61
Norden (Ostfriesland) 29
Obersackhöhe (Pommern) 68
Plathe (Pommern) 138
Rahden (Niedersachsen) 64
Ratzebuhr (Pommern) 147
Reetz (Pommern) 33
Röbel (Mecklenburg) 89
Röm (dän. Insel) 97

Rügenwalde (Pommern) 157
Scharringhausen 34
Schiefelbein (Pommern) 86
Schiffsmühle (Weser) 51
Schochau (Pommern) 136
Schlöttnitz (Pommern) 45
Schönbrunn (Pommern) 118
Schulendorf (Holstein) 120
Schwerin 70
Siebenbäumen (Lauenburg) 69
Stettin 99
Strasburg (Pommern) Titelbild
Stuvenborn (Holstein) 1
Sudbruch 108
Telgte (Münsterland) 30
Tellingstedt (Schleswig) 102
Tessin (Mecklenburg) 100
Theelsdorf (Niedersachsen) 145
Uckermünde (Pommern) 59
Vahrendorf (Niedersachsen) 58
Visbek (Niedersachsen) 57
Westfriesland 109
Widmund-Funnix 21
Wilster Marsch 14
Winsen 75
Woltersmühlen 19
Wulsbüttel (Niedersachsen) 36
Ziegelsetzungen 65, 107

*Rügenwalde (Pommern);
Mühle mit Lachsbrink und
Schloß 1910*

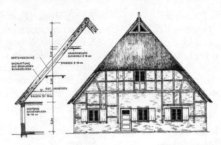

Heinrich Steinfath · **Hummelsbüttel**

Grützmühle und Hallenhäuser / Leben unter dem Strohdach

ca. 120 Seiten, mit zahlreichen Abbildungen, ArtNr. 4965

Nicht nur das Dorf, auch das Leben seiner Mitbewohner in der Zeit zwischen 1900 und 1938 schildert der ehemalige Architekt Steinfath liebevoll und lebensnah. Einzigartig sind die maßstabgerechten Konstruktions-, Ansichts- und Aufsichtspläne der Hummelsbüttler Strohdach- und Fachhallenhäuser sowie der im Volksdorfer Museumsdorf wieder aufgebauten Grützmühle.

Harald Richert

So war es in Bergedorf, Lohbrügge und Vierlanden

Heiteres und Ernstes aus der Kulturgeschichte

96 Seiten, 31 Abbildungen, ArtNr. 4963

Der Autor – leidenschaftlicher Heimatforscher und Mitglied des Lichtwark-Ausschusses – versteht es auf interessante Weise, Begebenheiten aus der Geschichte der Ortschaften zu erzählen. Die ansprechenden Illustrationen von Reiner Rump lassen diese unterhaltsamen Geschichten aus dem Hamburger Staatsarchiv auch optisch zu einem Genuß werden.

Georg-Wilhelm Röpke

Zwischen Alster und Wandse

Stadtteil-Lexikon des Bezirks Wandsbek

VERLAG OTTO HEINEVETTER

320 Seiten mit 189 historischen und aktuellen Abbildungen sowie 39 Lageskizzen und Plänen. Umfangreiche Bild-, Sach- und Personenregister. 2. verbesserte Auflage 1986.

Es gibt kein Hamburg-Buch, das so ansprechend und dabei so präzise ist als dieser Stadtteil-Führer. (Blickpunkt Bildung)

„Schlag nach bei Röpke ..." Dieser Ratschlag gilt ab sofort für alle, die sich aus privatem oder beruflichem Interesse über den Bezirk Wandsbek informieren möchten. (Wandsbeker Zeitung)

Harald Richert

Zwischen Elbe und Bille

Stadtteil-Lexikon des Bezirks Bergedorf

VERLAG OTTO HEINEVETTER

Erscheint 1987

VERLAG OTTO HEINEVETTER, HAMBURG 76

Der repräsentative FAKSIMILE-ATLAS

Die Landkarten von Johannes Mejer, Husum,

aus der
neuen Landesbeschreibung
der zwei Herzogtümer

Schleswig und Holstein

von

Caspar Danckwerth D.

1652

Bibliographische Angaben des Bandes:
Format 32.5 x 42 cm, 180 Seiten mit 40 Karten auf Büttenersatzpapier, farbiger Linson-Einband mit Goldprägung

Alle Karten sind einzeln schwarz/weiß oder farbig lieferbar; die Auflistung finden Sie auf der nächsten Seite. Die farbigen Karten fertigen wir ausschließlich im zeitgemäßen

■ Handcolorit ■

Einzelkarten   schwarz/weiß
                            handcoloriert nach historischer Vorlage

Städtegrundrisse   aus den Einzelkarten schwarz/weiß
                               handcoloriert nach historischer Vorlage

VERLAG OTTO HEINEVETTER   •   2000 HAMBURG 76